Forschung und Praxis an der FHWien der WKW

Die Schriftenreihe der FHWien der WKW richtet sich an Fach- und Führungskräfte in Unternehmen, an Experten aus Wissenschaft und Wirtschaft sowie an Studierende und Lehrende. Zu den vorrangigen Themengebieten zählen Unternehmensführung, Finanzwirtschaft, Immobilienwirtschaft, Journalismus und Medien, Kommunikationsmanagement, Marketing und Sales, Personal und Organisation ebenso wie Unternehmensethik und Hochschuldidaktik. In den einzelnen Bänden werden neue Entwicklungen und Herausforderungen der wirtschaftlichen Praxis mit innovativen Ansätzen untersucht. Aufbauend auf den Ergebnissen der vielfältigen Forschungs- und Entwicklungsaktivitäten werden wissenschaftlich fundierte Handlungsempfehlungen und Werkzeuge für die Praxis vorgestellt.

Durch die systematische Verbindung von Wissenschaft und Praxis unterstützt die Reihe die Leser in der fundierten Erweiterung ihres Wissens und ihrer Kompetenzen in aktuellen Handlungsfeldern der Wirtschaftspraxis.

Weitere Bände in dieser Reihe http://www.springer.com/series/13442

Gerald Janous

Zum Verhältnis von Markt und Individuum auf Finanzmärkten

Entwicklung einer Investorentypologie zur Charakterisierung von Marktdynamiken

Gerald Janous
FHWien der WKW
Wien, Österreich

Forschung und Praxis an der FHWien der WKW
ISBN 978-3-658-13723-6   ISBN 978-3-658-13724-3 (eBook)
DOI 10.1007/978-3-658-13724-3

Die Deutsche Nationalbibliothek verzeichnet diese Publikation in der Deutschen Nationalbibliografie;
detaillierte bibliografische Daten sind im Internet über http://dnb.d-nb.de abrufbar.

Springer Gabler
© Springer Fachmedien Wiesbaden 2016

Lektorat: Claudia Hasenbalg
Coverfoto: © FHWien der WKW/Andreas Balon

Gedruckt auf säurefreiem und chlorfrei gebleichtem Papier

Springer Gabler ist Teil von Springer Nature
Die eingetragene Gesellschaft ist Springer Fachmedien Wiesbaden GmbH

Vorwort

Wer Finanzmärkte mittels experimenteller Methode, auf Basis von agentenbasierten Modellen oder auch im Zuge von Feldforschung untersuchen will, steht häufig vor der Frage, welche Merkmale der Marktteilnehmer von besonderer Relevanz für Marktentwicklungen sind. Dieses Buch möchte Forschern eine Systematik in Form einer Investorentypologie an die Hand geben, die als Ausgangspunkt für die Konzeption von empirischen Untersuchungen und die Formulierung von Hypothesen zu Finanzmarktentwicklungen verwendet werden kann.

Lange Zeit schien es für die Erklärung von Finanzmarktentwicklungen ausreichend, die Marktteilnehmer in „rationale" und „irrationale" Investoren zu unterteilen. Empirische Untersuchungen werden jedoch durch den herkömmlichen Rationalitätsbegriff der Finanzwirtschaft erschwert, denn die Operationalisierung eines solchen Rationalitätsbegriffs verlangt vom Forscher, nach Situationen zu suchen, in denen die rationalen Marktteilnehmer über „perfekte Voraussicht" verfügen, die eindeutige Bewertungen von Finanzprodukten ermöglicht.

Für eine Ausweitung der Untersuchungsmöglichkeiten auf Situationen von Unsicherheit, das heißt bei uneindeutiger Bewertung von Finanzprodukten ist es notwendig, sich vom bestehenden Rationalitäts- und Effizienzbegriff der Finanzwirtschaft zu lösen. Dies stellt ein schwieriges Unterfangen dar, ist doch der Effizienzbegriff in der Finanzwirtschaft seit Jahrzehnten tief verwurzelt. Eine solche Loslösung kann nur gelingen, wenn die Limitationen der traditionellen Modelle, vor allem der Effizienzmarkthypothese und der Behavioral Finance, hinreichend verstanden und nach Alternativen gesucht wird. Daher war es unumgänglich, zunächst Kritikpunkte an den Modellen anzuführen. Im Zuge der Kritik werden auch erkenntnistheoretische Themen wie das Induktionsproblem berührt. Dieses Buch versteht sich jedoch nicht als philosophische Abhandlung, sondern beschränkt die erkenntnistheoretischen Erörterungen auf jene Aspekte, die für das Verständnis der Probleme der Finanzmarktmodelle unbedingt notwendig sind.

Selbstverständlich wäre die Entwicklung der vorliegenden Investorentypologie zur Charakterisierung von Marktentwicklungen ohne Rückgriff auf die vielfältigen Untersuchungsergebnisse jahrzehntelanger Forschung zu Effizienzmarkthypothese und Behavioral Finance nicht möglich gewesen. Mit der Typologie soll ein Instrumentarium vorgelegt werden, das empirische Studien ohne Verwendung des Effizienzbegriffes ermöglicht und gleichzeitig viele Erkenntnisse aus der Forschung zu Effizienzmarkthypothese und Behavioral Finance integriert.

Anlässlich der Fertigstellung dieses Buches möchte ich mich bei meinem Arbeitgeber, der FHWien der WKW, herzlich bedanken. Die Unterstützung durch eine Förderung hat mir die Bearbeitung dieses Projektes, das mir angesichts der gesellschaftlichen Relevanz im Zuge der Finanzkrise ein großes Anliegen war, ermöglicht.

Ein großes Dankeschön geht an meine Feedbackgeber von universitärer Seite. Danke, ao. Univ.-Prof. Mag. DDr. Andreas Hergovich für die ausführlichen Rückmeldungen, die spannenden erkenntnistheoretischen Diskussionen und die aufmunternden Worte bei vielen kniffligen Problemstellungen. Danke, Univ.-Prof. Dr. Claudia Wöhle für die fundierten finanzwirtschaftlichen Anregungen und Hinweise. Danke, Univ.-Prof. Dr. Erich Kirchler für das genaue Lesen und die vielen hilfreichen Tipps für die Endkorrektur. Ebenfalls möchte ich mich bei Frau Hasenbalg vom Springer Verlag für das Korrektorat bedanken.

Der Erfahrungsaustausch mit meinen kompetenten Institutskolleginnen und Institutskollegen sowie ihre organisatorische Unterstützung und Hilfsbereitschaft waren wichtige Beiträge zum Gelingen dieses Buches. Zahlreiche Diskussionen mit Praktikern haben mir wichtige zusätzliche Einblicke in das Thema eröffnet. Vielen Dank!

Zu guter Letzt geht ein ganz besonderer Dank an meine Freundin, meine Familie und Freunde, die mich trotz meiner arbeitsbedingten Abwesenheit an zahlreichen Abenden, Wochenenden und Urlaubstagen immer unterstützt haben.

Wien, Österreich   Gerald Janous

Inhaltsverzeichnis

Einleitung

*Roughly speaking, the scientist's task can be seen to consist of
two alternating phases: the formation (invention) of conceptual
structures and the attempt to demonstrate that experience can be
fitted into these structures.*

(Glasersfeld 2001, S. 33)

Zusammenfassung

Dieses Buch behandelt Probleme der Effizienzmarkthypothese und der Behavioral
Finance bei der Modellierung von Finanzmärkten. Im Vordergrund steht hierbei der
Zusammenhang zwischen Individualverhalten und Marktverhalten (das Aggregationsproblem). Mithilfe der Schlussfolgerungen aus der erkenntnistheoretischen Kritik in
den Kap. 2 bis 5 und einem kurzen Exkurs über agentenbasierte Modelle in Kap. 6
wird in Kap. 7 eine neue Investorentypologie entwickelt. Diese Investorentypologie
zeigt den Zusammenhang zwischen Individualverhalten und Marktverhalten auf und
ermöglicht so die Formulierung von Hypothesen über Finanzmarktentwicklungen.

1.1 Das Problem der Modellierung von Finanzmärkten

Die Erfahrungen der letzten, seit 2007 andauernden, Finanzkrise haben die Frage aufge-
worfen, ob wir über adäquate wissenschaftliche Konzepte verfügen, wie Finanzmärkte
funktionieren. So wird beklagt, dass die Wissenschaft keine Modelle entwickelt hat,
welche ein adäquates Verständnis von Marktvorgängen und damit zielgerichtetes Handeln der Politik ermöglichen. Die Ursache wird darin gesehen, dass die in der Ökonomie
Ende des 20. Jahrhunderts vorherrschenden Modelle auf der unrealistischen Annahme
rationaler Erwartungen und starken Vereinfachungen aufbauen (Farmer und Foley 2009,

© Springer Fachmedien Wiesbaden 2016
G. Janous, *Zum Verhältnis von Markt und Individuum auf Finanzmärkten,* Forschung und
Praxis an der FHWien der WKW, DOI 10.1007/978-3-658-13724-3_1

S. 685). Kritische Wissenschaftler diagnostizieren gar ein systematisches Versagen der ökonomischen Wissenschaft (Colander et al. 2009, S. 2).

Die grundsätzliche inhaltliche Stoßrichtung dieser Kritik ist nicht neu. Das ökonomische Finanzmarktmodell, die Effizienzmarkthypothese, wurde bereits vor der Finanzkrise von Vertretern verhaltensorientierter finanzwirtschaftlicher Forschung, kurz Behavioral Finance genannt, stark kritisiert. Während die Behavioral-Finance-Forschung erfolgreich Schwächen der modernen Finanzwirtschaft aufzeigt, gelang es jedoch nicht, neue Marktmodelle zu etablieren. Zusätzlich wurden problematische Methoden und Begrifflichkeiten des ökonomischen Ansatzes (insbesondere das Denken in der Rationalitäts–Irrationalitäts–Dichotomie) teilweise übernommen und dienen damit auch in der Behavioral-Finance-Forschung als Benchmark (Frankfurter und McGoun 2002, S. 384).

Beiden konkurrierenden Sichtweisen liegen unterschiedliche Ansätze bei der Konzeption von Finanzmarktmodellen zugrunde: Die eine Sichtweise (die Effizienzmarkthypothese) betrachtet den Markt als Ganzes, der sich an Veränderungen der Rahmenbedingungen, insbesondere der Informationslage anpasst, was sich in der Entwicklung des Marktpreises niederschlägt. Die andere Sichtweise hat das Verhalten des einzelnen Marktteilnehmers, seine Entscheidungen und Entscheidungsfehler, im Fokus. Beide Sichtweisen führen zu Problemen bei der Modellbildung: Die Effizienzmarkthypothese muss für die Erklärung des aggregierten Marktergebnisses auf die unrealistische Annahme rationaler individueller Marktteilnehmer zurückgreifen. Auf der anderen Seite hat die Behavioral Finance keine adäquate Methode entwickelt, wie die unterschiedlichen behavioralen Erklärungen individuellen Investorenverhaltens zur Erklärung von Marktergebnissen aggregiert werden können.

Agentenbasierte Modelle (Computermodelle, die die Interaktionen unterschiedlicher Investorentypen am Markt simulieren) sind der neueste Ansatz zur Modellierung von Finanzmärkten. Sie ermöglichen die Erforschung von Marktentwicklungen unter der Annahme unterschiedlichster Strategien der Marktteilnehmer. Mit Hilfe von Marktsimulationen werden die Auswirkungen der verschiedenartigen Strategien auf die Marktentwicklung untersucht. Über die Konzeption der einzelnen Akteure sind sowohl Ansätze der ökonomischen Theorie als auch der Behavioral Finance in agentenbasierte Modelle integrierbar. Ohne eine theoretische Klärung, welche Variablen für die Beschreibung der Strategien der Marktteilnehmer herangezogen werden sollen, entsteht jedoch eine starke Beliebigkeit bei der Modellierung von Märkten und Marktentwicklungen. Die Vergleichbarkeit von Marktmodellen und die systematische Erforschung von Marktentwicklungen wird damit schwierig.

Es stellt sich daher die Frage, wie die Kritikpunkte an den unterschiedlichen wissenschaftlichen Konzeptionen von individuellen Verhaltensweisen und Strategien der Marktteilnehmer (sowie ihrer Rolle im jeweiligen Marktmodell) dazu verwendet werden können, die Modellierung von Finanzmärkten zu verbessern.

1.2   Von der Modellkritik zum Lösungsansatz: Ein kurzer Überblick über den Aufbau des Buches

In diesem Buch werden bestehende Forschungsansätze zum Investorenverhalten auf Finanzmärkten aus Ökonomie und Psychologie mit dem Ziel analysiert und kritisiert, Verbesserungsmöglichkeiten bei der wissenschaftlichen Modellierung der Verhaltensweisen und Strategien individueller Marktteilnehmer zu identifizieren. Hierbei ist es nicht das Ziel, die vollständige Debatte zwischen Anhängern der Effizienzmarkthypothese und Anhängern der Behavioral Finance zu rekapitulieren, sondern durch die Einbeziehung wissenschaftstheoretischer Überlegungen die grundsätzlichen Probleme bei der Bildung von Modellen des Investorenverhaltens zu verdeutlichen. Die Inhalte dieses Buches sind daher im Überschneidungsbereich von Ökonomie (Effizienzmarkthypothese), Psychologie (Behavioral Finance) und Philosophie (Wissenschaftstheorie) angesiedelt.

Auf Grundlage der theoretischen Erörterungen wird eine Typologie möglicher Investorenverhaltensweisen entwickelt, welche die „theoretische Lücke" in Bezug auf das Aggregationsproblem, das heißt die Verknüpfung zwischen Individualverhalten und Marktverhalten, schließt und somit für die Entwicklung von Marktmodellen herangezogen werden kann. Dies stellt einen originären Ansatz zur Analyse von Finanzmärkten dar; ähnliche erkenntnistheoretisch basierte Arbeiten über den Zusammenhang von Individual- und Marktverhalten auf Finanzmärkten sind dem Autor nicht bekannt.

Im Einzelnen sieht der Argumentationsgang folgendermaßen aus:

Ausgehend von der Definition der Effizienzmarkthypothese durch Fama (1970) wird im Kap. 2 argumentiert, dass das ökonomische Modell – obwohl es die Marktentwicklungen als Ganzes betrachtet – die Annahme (eines Anteils) rationaler Marktteilnehmer benötigt. Die „Struktur" des Marktes (per „unsichtbarer Hand") alleine genügt nicht, um Effizienz zu gewährleisten; das heißt Rationalität muss auch auf individueller Ebene vorhanden sein. Da der notwendige Anteil rationaler Marktteilnehmer zur Gewährleistung von Effizienz im ökonomischen Modell nicht näher spezifiziert wird, werden Ergebnisse aus Aktienmarktexperimenten und Aktienmarktsimulationen zur Beurteilung dieser Frage herangezogen. In diesem Untersuchungskontext ist das ökonomische Rationalitätskonzept operationalisierbar. Bei diesen Experimenten zeigt sich, dass auch ein größerer Anteil rationaler Investoren nur teilweise Effizienz gewährleisten kann.

Die durch die Definition und Operationalisierung des Rationalitätsbegriffes entstehenden Probleme des ökonomischen Modells werden im Kap. 3 behandelt. Hier wird argumentiert, dass sich ein rationaler Investor entsprechend der Effizienzmarkthypothese bei der Bewertung von Finanzanlagen an den ökonomischen Bewertungsmodellen orientiert und dadurch zu einer „wahren" Bewertung gelangen sollte. Diese (hypothetische) Vorgehensweise der rationalen Investoren führt modellintern zu Widersprüchen zwischen Markteffizienz und individueller Rationalität (entsprechend dem Paradoxon nach Grossmann und Stiglitz 1980). Die Übertragbarkeit des Modells auf die Realität leidet unter der Anforderung an die rationalen Investoren, die Zukunft in probabilistischer Form (objektiv, in perfekter Voraussicht) darstellen zu können. Ein solches Verständnis von Rationalität impliziert, dass rationale Investoren über die Fähigkeit verfügen, mithilfe des Prinzips der Induktion zu gesicherten Erkenntnissen zu gelangen.

Die Verteidigung der Effizienzmarkthypothese mit dem instrumentalistischen Argument, dass die Realitätsnähe von Modellannahmen (die Annahme von rationalen Investoren) irrelevant ist, solange das Modell mit den beobachteten Daten (Aktienkursverläufen) übereinstimmt, wird im Kap. 4 untersucht. Dazu wird zunächst kurz die instrumentalistische Denkweise in der Ökonomie, wie sie von Friedman (1953) begründet wurde, vorgestellt. Anschließend wird der Begriff der Viabilität (Gangbarkeit, Nutzen in der Anwendung) aus dem radikalen Konstruktivismus nach Glasersfeld (2000) entlehnt, um Aussagen über den Zweck instrumentalistischer Modellbildung in der Wissenschaft zu tätigen. Die Viabilität der Effizienzmarkthypothese wird daraufhin überprüft: Da der Zweck der Effizienzmarkthypothese die Erklärung von Kursverläufen ist und die Effizienzmarkthypothese postuliert, dass Kursverläufe auf Basis vergangener Informationen nicht prognostiziert werden können, ist die Effizienzmarkthypothese als instrumentalistisches Modell für den Anwender nutzlos. Mit Hilfe von Heinz von Foersters (2000) Modell der nichttrivialen Maschine wird gezeigt, dass ein Marktmodell auch ohne die Annahme von Effizienz so gebaut werden kann, dass Unprognostizierbarkeit der Kursverläufe auf Basis vergangener Informationen gegeben ist. Ein solches Modell zeigt zudem auf, dass die Marktentwicklung zwar nicht durch die Informationen, wohl aber durch die Informationsverarbeitung der Investoren erklärt werden kann.

Die Behavioral-Finance-Forschung legt, wie im Kap. 5 dargestellt wird, ihren Schwerpunkt auf die Erforschung des individuellen Investorenverhaltens. Dabei wurde eine Vielzahl von – teilweise widersprüchlichen – Effekten entdeckt, die sich nur schwer zu Modellen des Marktverhaltens aggregieren lassen. Deshalb beruhen behaviorale Marktmodelle häufig auf der vereinfachenden Annahme, dass sich der gesamte Markt wie ein einzelner (repräsentativer und fehlerhafter) Investor verhält. Die behavioralen Effekte werden zudem häufig als systematische Abweichungen von rationalem Verhalten definiert, wie an klassischen Beispielen aus der Behavioral-Finance-Forschung aufgezeigt wird. Dadurch ist die Behavioral-Finance-Forschung methodisch und begrifflich an die Effizienzmarkthypothese gekoppelt; die Probleme des kritisierten Rationalitätsbegriffs fließen in die Modellbildung mit ein und beschränken den Anwendungsbereich von Behavioral-Finance-Modellen. Das neuere Investor-Sentiment-Modell von Baker und Wurgler (2007) trifft solche vereinfachenden Annahmen nicht mehr; das Aggregationsproblem wird jedoch vermieden, indem nur mehr das Marktverhalten ohne Rückgriff auf individuelle Verhaltensweisen analysiert wird. Dies führt zu Interpretationsproblemen der vorliegenden Daten.

Agentenbasierte Finanzmarktmodelle bieten die Möglichkeit, unterschiedliche Verhaltensweisen von Investoren und damit auch unterschiedliche theoretische Ansätze zum Investorenverhalten in ein Modell zu integrieren. Die Entwickler derartiger Modelle stehen vor der Herausforderung, die unterschiedlichen Strategien der Investoren in formalisierter Weise abzubilden. In Kap. 6 wird die Vielfalt der gängigen Strategien, die in agentenbasierten Modellen verwendet werden, dargestellt. Da die Marktentwicklung in agentenbasierten Modellen von der Zusammensetzung der verwendeten Strategien abhängt, stellt sich die Frage, wie mithilfe dieses Forschungszuganges generalisierbare Erkenntnisse entstehen können. Es wird vorgeschlagen, dass die Vielzahl der möglichen Verhaltensweisen und Strategien aus den unterschiedlichen theoretischen Ansätzen im Rahmen einer Typologie möglicher Verhaltensweisen der Investoren gebündelt wird.

In Kap. 7 wird eine Typologie individueller Investorenverhaltensweisen und -strategien zur Charakterisierung von Marktentwicklungstendenzen erstellt. Dazu werden zunächst auf Basis der theoretischen Erörterungen drei grundlegende Dimensionen des Investorenverhaltens identifiziert. Zur besseren Illustration werden die jeweiligen Extrempole der Investorendimensionen beschrieben. Ausgehend von diesen Extrempolen werden Investorentypen definiert und diskutiert, welche Marktentwicklungstendenzen vom jeweiligen Investorentyp ausgehen. Es wird gezeigt, dass sich sowohl „rationale" Investoren (wobei dieser Begriff durch einen empirisch überprüfbaren Begriff ersetzt wird) als auch durch andere kognitive (heuristische) und emotionale Prozesse geleitete Investoren unter dieser Systematik subsumieren lassen. Darüber hinaus werden Hypothesen zur Erklärung der (Un)prognostizierbarkeit von Marktentwicklungen, zum Verständnis von „Excess Volatility", zur Beschreibung unterschiedlicher Ursachen von Marktkrisen oder zur Gewinnung von Ansatzpunkten für Marktregulierungsmaßnahmen mithilfe der neuen Investorentypologie formuliert.

Das abschließende Kap. 8 fasst die Hauptkritikpunkte an den unterschiedlichen Finanzmarktmodellen zusammen. Die wesentlichen Erkenntnisse, die sich aus den Kritikpunkten ableiten lassen, werden in Form von Grundsätzen für die Bildung von neuen Finanzmarktmodellen formuliert. Die wichtigsten Aspekte der neuen Investorentypologie werden als logisches Resultat dieser Grundsätze überblicksmäßig dargestellt. Zuletzt wird das Potenzial der Investorentypologie als theoretischer Ansatz zur Erklärung von Finanzmarktentwicklungen anhand einer kurzen Zusammenstellung aller zuvor entwickelten Hypothesen demonstriert.

Literatur

Baker, M., & Wurgler, J. (2007). Investor sentiment in the stock market. *Journal of Economic Perspectives, 21*(2), 129–151.

Colander, D., Föllmer, H., Haas, A., Goldberg, M., Jusélius, K., Kirman, A., et al. (2009). *The financial crisis and the systemic failure of academic economics.* http://www.ifw-members.ifw-kiel.de/publications/the-financial-crisis-and-the-systemic-failure-of-academic-economics/KWP_1489_ColanderetalFinancial%20Crisis.pdf. Zugegriffen: 6. Aug. 2014.

Fama, E. F. (1970). Efficient capital markets: A review of theory and empirical work. *Journal of Finance, 25*(2), 383–417.

Farmer, J. D., & Foley, D. (2009). The economy needs agent-based modelling. *Nature, 460*(7256), 685–686.

Foerster, H. v. (2000). Entdecken oder Erfinden. Wie läßt sich Verstehen verstehen? In H. v. Foerster, E. v. Glaserfeld, P. M. Hejl, S. J. Schmidt, & P. Watzlawick (Hrsg.), *Einführung in den Konstruktivismus* (5. Aufl., S. 41–88). München: Piper.

Frankfurter, G. M., & McGoun, E. G. (2002). Resistance is futile: The assimilation of behavioral finance. *Journal of Economic Behavior & Organization, 48*(4), 375–389.

Friedman, M. (1953). The methodology of positive economics. In M. Friedman (Hrsg.), *Essays in positive economics* (S. 3–43). Chicago: The University of Chicago Press.

Glasersfeld, E. von. (2000). Konstruktion der Wirklichkeit und des Begriffs der Objektivität. In H. v. Foerster, E. v. Glaserfeld, P. M. Hejl, S. J. Schmidt, & P. Watzlawick (Hrsg.), *Einführung in den Konstruktivismus* (5. Aufl., S. 9–39). München: Piper.

Glasersfeld, E. von. (2001). The radical constructivist view of science. *Foundations of Science, 6* (1/3), 31–43.

Grossman, S. J., & Stiglitz, J. E. (1980). On the impossibility of informationally efficient markets. *American Economic Review, 70*(3), 393–408.

Individuelle Rationalität als Bedingung für kollektive Rationalität (Effizienz) von Finanzmärkten

2

Zusammenfassung

Ausgehend von der Definition der Effizienzmarkthypothese durch Fama (1970) wird argumentiert, dass das ökonomische Modell – obwohl es die Marktentwicklungen als Ganzes betrachtet – die Annahme (eines Anteils) rationaler Marktteilnehmer benötigt. Die „Struktur" des Marktes (per „unsichtbarer Hand") alleine genügt nicht, um Effizienz zu gewährleisten; das heißt Rationalität muss auch auf individueller Ebene vorhanden sein. Da der notwendige Anteil rationaler Marktteilnehmer zur Gewährleistung von Effizienz im ökonomischen Modell nicht näher spezifiziert wird, werden Ergebnisse aus Aktienmarktexperimenten und Aktienmarktsimulationen zur Beurteilung dieser Frage herangezogen. In diesem Untersuchungskontext ist das ökonomische Rationalitätskonzept operationalisierbar. Bei diesen Experimenten zeigt sich, dass auch ein größerer Anteil rationaler Investoren nur teilweise Effizienz gewährleisten kann.

2.1 Markteffizienz und individuelle Rationalität in der Effizienzmarkthypothese nach Fama

Der von Fama (1991, S. 1575) formulierte Kerngedanke der Effizienzmarkthypothese ist, dass die Preise von Wertpapieren vollständig alle verfügbaren Informationen widerspiegeln. Sobald neue Informationen entstehen, verbreiten sich diese Neuigkeiten sehr schnell und schlagen sich ohne Verzögerung in den Preisen der Wertpapiere nieder. Da Neuigkeiten per Definition unvorhersehbar sind, sind auch die Preisänderungen unvorhersehbar (Malkiel 2003, S. 59). Die Effizienzmarkthypothese bezieht sich somit, wie schon der Name sagt, auf den Markt als Ganzes, in dem Angebot und Nachfrage durch neue Informationen verändert werden, wodurch sich der Marktpreis von Finanzanlagen ändert.

© Springer Fachmedien Wiesbaden 2016

G. Janous, *Zum Verhältnis von Markt und Individuum auf Finanzmärkten*, Forschung und Praxis an der FHWien der WKW, DOI 10.1007/978-3-658-13724-3_2

Der Finanzmarkt ist jedoch nicht nur von rationalen Individuen bevölkert, wie zahlreiche Studien, insbesondere aus der Behavioral Finance, nachweisen. (Einen Überblick über grundlegende Arbeiten der Behavioral Finance bietet zum Beispiel Shefrin 2001).

Es stellt sich daher die Frage, wie viele einzelne Marktteilnehmer „rational" handeln müssen, damit der Markt als Ganzes „effizient" ist. Fama (1970, S. 387) behandelt diesen Punkt im Rahmen von drei Voraussetzungen, die er für einen effizienten Markt nennt:

- Es gibt keine Transaktionskosten für das Handeln von Wertpapieren.
- Alle verfügbaren Informationen sind kostenlos für alle Marktteilnehmer verfügbar.
- Alle Marktteilnehmer stimmen in Bezug auf die Implikationen überein, die jeweils aktuelle Informationen für den gegenwärtigen Marktpreis und für die Verteilungen der zukünftigen Preise von Wertpapieren haben.

Da Fama (1970) diese Bedingungen nicht als realistisch, sondern idealtypisch für einen effizienten Markt ansieht, schwächt er die Voraussetzungen für einen effizienten Markt ab und nimmt einen Standpunkt zur Frage der Notwendigkeit individueller Rationalität der Marktteilnehmer ein:

> Fortunately, these conditions are sufficient for market efficiency, but not necessary. For example, as long as transactors take account of all available information, even large transactions costs that inhibit the flow of transactions do not in themselves imply that when transactions do take place, prices will not "fully reflect" available information. Similarly (and speaking as above, somewhat loosely), the market may be efficient if "sufficient numbers" of investors have ready access to available information. And disagreement among investors about the implications of given information does not in itself imply market inefficiency unless there are investors who can consistently make better evaluations of available information than are implicit in market prices (S. 387–388).

Laut Fama genügt daher eine hinreichende Anzahl von Investoren, welche Zugang zu allen verfügbaren Informationen haben und die „richtigen" Schlüsse aus den Informationen ziehen. Denn die Teilmenge der „rationalen" Marktteilnehmer hat einen Selektionsvorteil gegenüber anderen Marktteilnehmern und würde so – entsprechend dem von Friedman (Friedman 1953, S. 22) auf die Ökonomie angewandten Prinzip der natürlichen Selektion – sein Überleben im Gegensatz zu den nicht rationalen Marktteilnehmern sichern. Bevor in den Abschn. 2.3 und 2.4 im Detail der Frage nachgegangen wird, wann man von einer hinreichenden Anzahl rationaler Marktteilnehmer sprechen kann, wird im Abschn. 2.2 eine Argumentationslinie untersucht, die Markteffizienz auch ohne rationale Marktteilnehmer postuliert.

2.2 „Strukturbedingte" Markteffizienz – das Experiment von Gode und Sunder

Bereits seit Adam Smith (1776/2006, S. 550–551) gibt es in der Ökonomie die Vorstellung, dass das Gewinnstreben des Einzelnen das Gemeinwohl fördert. Dies wird mit der Metapher der „Unsichtbaren Hand" beschrieben; eine Formulierung, die für Missverständnisse sorgt. Denn die Bezeichnung meint, dass sich die (positive) Wirkung der empirischen (Markt)gesetze dem Alltagsverstand des Einzelnen nicht unmittelbar erschließt (Kühne 1997, S. 80). Sie besagt hingegen nicht, dass funktionierende Marktstrukturen die Pflicht der Unternehmer, klug und gerecht zu handeln, ersetzen könnten (Streminger 1995, S. 211).

Eine solche die individuelle Rationalität substituierende Funktion von Marktstrukturen wurde von Gode und Sunder (1993) mehr als 200 Jahre nach Adam Smith postuliert: „Adam Smith's invisible hand may be more powerful than some may have thought; it can generate aggregate rationality not only from individual rationality but also from individual irrationality" (S. 119).

Gode und Sunder (1993, S. 119) nahmen diese Position ein, nachdem sie computerbasierte Experimente mit sogenannten „Null-Intelligenz-Händlern" durchgeführt hatten: Sie postulierten, dass die allokative Effizienz eines Marktes im Wesentlichen durch seine Struktur und nicht durch Motivation, Intelligenz oder Lernerfolge der Marktteilnehmer bestimmt wird. Die „unsichtbare Hand" des Marktes führt zu aggregierter Rationalität (Effizienz).

Die Ergebnisse von Gode und Sunder werden von vielen Autoren als Beleg für die Effizienzmarkthypothese zitiert, wie Gjerstad und Shachat (2007) aufzeigen. Akzeptiert man nämlich das Argument einer „strukturbedingten" Rationalität der Märkte, kann man die Einwände der Behavioral-Finance-Forschung, die auf empirischen Ergebnissen zur individuellen Irrationalität von Investoren beruhen, negieren, und ein Forschungsprogramm verfolgen, das einen direkten Einfluss von Informationen auf die Entscheidungen der Investoren und damit die Marktpreise und Marktpreisentwicklungen unterstellt. Die Betrachtung der individuellen Informationsverarbeitung durch die Investoren kann dann von der Analyse ausgeklammert werden (da die Informationsverarbeitung „rational" entsprechend der ökonomischen Modelle erfolgt).

Um zu beurteilen, ob Gode und Sunders Strukturargument das von der Behavioral Finance kritisierte Konzept des „rationalen Investors" überflüssig macht (weil im Extremfall durch die strukturbedingte Rationalität keine individuellen rationalen Marktteilnehmer mehr notwendig sind um den Markt als Ganzes effizient zu machen), muss ihr experimentelles Design näher betrachtet werden. Gode und Sunder verwendeten als Handelsmechanismus für ihr Marktexperiment das System der „doppelten Auktion", da dieser Mechanismus auf vielen Märkten wie Aktien- und Währungsmärkten verwendet wird und er in Laborexperimenten mit menschlichen Versuchspersonen bereits zu Gleichgewichtspreisen führte, welche der ökonomischen Theorie entsprechen. Bei einer doppelten Auktion können sowohl Käufer als auch Verkäufer jederzeit das gehandelte Gut anbieten oder nachfragen, indem sie Preis und Quantität spezifizieren. Sobald ein Angebot eines Verkäufers mit der Nachfrage eines Käufers übereinstimmt (das heißt, dass das Angebot des Verkäufers niedriger oder gleich hoch ist wie der Preis, zu dem der Käufer nachfragt), kommt eine Transaktion zustande. Für das Experiment wurden bezüglich des Marktmechanismus weitere Spezifizierungen getroffen: es konnten nur einzelne Stück gehandelt werden (die Quantität des gehandelten Gutes war nicht variierbar), durch das Zustandekommen einer Transaktion wurden alle bis dahin nicht akzeptierten Gebote gelöscht und für die Transaktionen zwischen Anbieter und Nachfrager wurde jener Preis gewählt, der zuerst abgegeben wurde (Gode und Sunder 1993, S. 121–122).

Die Angebots- und Nachfragestruktur wurde durch das Verfahren des induzierten Wertes nach Smith (1976, S. 275–276) geschaffen. Dabei erhält eine Gruppe der Marktteilnehmer das Recht, das Gut i zu kaufen; die andere Gruppe erhält das Recht, das Gut i zu verkaufen. Jedem einzelnen Käufer wird ein individueller Wert v zugeteilt, zu dem er gekaufte Güter zu einem späteren Zeitpunkt wieder einlösen kann. Dadurch ergibt sich der Gewinn einer Markttransaktion für den Käufer aus dem individuellen Wert vi abzüglich des gezahlten Preises pi. Jedem Verkäufer wird ein individueller Wert c zugeteilt, der seinen Kosten beim Verkauf eines Gutes entspricht. Der Gewinn einer Markttransaktion für den Verkäufer errechnet sich daher aus dem erhaltenen Preis pi abzüglich seiner individuellen Kosten ci. Da die individuellen Werte und Kosten private Information für die Käufer und Verkäufer darstellen, sind Marktnachfrage und Marktangebot für Käufer und Verkäufer unbekannt (Gode und Sunder 1993, S. 122).

Gode und Sunder (1993, S. 121) verglichen im Experiment die Leistungen von menschlichen Versuchspersonen (Wirtschaftsstudenten) als Marktteilnehmern mit den Leistungen von computergenerierten Händlern, den sogenannten „Null-Intelligenz-Händlern". Diese Null-Intelligenz-Händler generierten Angebote und Nachfragen mit Zufallspreisen im vorgegebenen Bereich zwischen 1 und 200.

Es wurde zwischen zwei Gruppen von Null-Intelligenz-Händlern unterschieden – Null-Intelligenz-Händler mit Budgetbeschränkung und Null-Intelligenz-Händler ohne Budgetbeschränkung. Gode und Sunder (1993, S. 123) argumentieren die Budgetbeschränkung mit der Marktregel, dass Marktteilnehmer in der Lage sein müssen, ihr Konto auszugleichen. Die Budgetbeschränkung wurde so operationalisiert, dass Käufer bei jeder Transaktion nicht mehr als ihren Wert v zahlen durften und Verkäufer nicht unter ihren Kosten c verkaufen durften.

In den fünf von Gode und Sunder (1993, S. 123–124) konstruierten Marktszenarien gab es jeweils nur einen, durch Angebot- und Nachfragstruktur bestimmten, Marktgleichgewichtspreis, der je nach Szenario zwischen 69 und 170 betrug. In diesen Marktszenarien wurden die unterschiedlichen Transaktionspreise der drei Händlertypen miteinander verglichen.

In den Märkten mit Null-Intelligenz-Händlern ohne Budgetbeschränkung traten starke Schwankungen der Transaktionspreise auf; es war keine Systematik erkennbar. Bei den menschlichen Händlern hingegen näherten sich die Preise im Zeitablauf dem Markt-gleichgewichtspreis an. Bei den Null-Intelligenz-Händlern mit Budgetbeschränkung zeigten sich zwar wie erwartet keine Lerneffekte im Zeitablauf – die einzelnen Perioden waren statistisch identisch. Innerhalb jeder einzelnen Handelsperiode näherten sich die Preise jedoch dem Marktgleichgewicht an[1]. Die Volatilität[2] der Preise war geringer als bei den Händlern ohne Budgetbeschränkung, hingegen größer als bei den menschlichen Händlern. Die allokative Effizienz (der von allen Händlern zusammen verdiente Profit in Relation zum maximal möglichen Profit) erreicht bei den Null-Intelligenz-Händlern mit Budgetbeschränkung ebenso wie bei den menschlichen Händlern knapp unter 100 %, bei den Null-Intelligenz-Händlern ohne Budgetbeschränkung liegt sie deutlich darunter (Gode und Sunder 1993, S. 126–133).

Gode und Sunder (1993, S. 134–136) schlossen aus den Ergebnissen, dass die Diszip-linierung durch den Markt (im Experiment die Budgetbeschränkung) der Hauptgrund für die allokative Effizienz und die Konvergenz der Transaktionspreise zum Marktgleichge-wicht ist. Aggregierte Rationalität könnte somit nicht nur aus individueller Rationalität, sondern auch aus individueller Irrationalität entstehen.

Gjerstad und Shachat (2007, S. 3–4) kritisieren diese Ergebnisinterpretation von Gode und Sunder: Von einer Konvergenz der Transaktionspreise zum Marktgleichge-wicht kann nicht gesprochen werden, da die Standardabweichung der Transaktionspreise bei Null-Intelligenz-Händlern mit Budgetbeschränkung die Standardabweichung bei menschlichen Händlern um ein Vielfaches übersteigt. Die Transaktionspreise schwanken zwischen dem Wert für die niedrigsten Kosten c und dem höchsten Wert v. Das Messkri-terium für Preiskonvergenz muss daher aussagekräftiger sein als der letzte Transaktions-preis während einer Handelsperiode oder eine Annäherung im Mittelwert.

Die Budgetbeschränkung in der von Gode und Sunder eingeführten Form entspricht nicht der ökonomischen Theorie und wäre in der Praxis nicht umsetzbar. Es ist für die Marktorganisation sinnvoll, die Höhe der Gebote auf die dem jeweiligen Händler zur Verfügung stehende Geldmenge zu beschränken, damit der Händler in weiterer Folge in der Lage ist, seine Zahlung zu leisten. Die Werte hingegen, die Güter für Käufer besit-zen, sind Marktorganisatoren nicht bekannt und dahin gehende Beschränkungen wären nicht umsetzbar. Die Beschränkung kann daher nicht als Budgetbeschränkung oder Dis-ziplinierung durch Marktmechanismen interpretiert werden (Gjerstad und Shachat 2007,

---

[1]Dies folgt aus dem sich während der Handelsperiode zunehmend verengenden Möglichkeitsraum der Händler mit Budgetbeschränkung: zuerst werden jene Güter gehandelt, für welche die Käu-fer einen hohen Wert v erhalten und die Verkäufer geringe Kosten c haben. Diese Händler verfü-gen über einen großen Spielraum bei der Festsetzung ihrer Angebots- und Nachfragepreise, da sie entsprechend der Budgetbeschränkung mit allen Preisen unter v (Käufer) und über c (Verkäufer) handeln können. Später werden die Güter mit niedrigeren Werten und höheren Kosten gehandelt (Gode und Sunder 1993, S. 129).

[2]Der finanzwirtschaftliche Begriff der Volatilität entspricht dem statistischen Maß der Standardab-weichung (siehe beispielsweise Bösch 2009, S. 60).

S. 4–5). Die Beschränkung, dass Käufer nur Gebote abgeben oder Angebote annehmen, die ihrem individuellen Wert v entsprechen oder darunter liegen und Verkäufer nur Gebote abgeben oder Angebote annehmen, die ihren individuellen Kosten c entsprechen oder darüber liegen, legt den Marktteilnehmern hingegen individuelle Rationalität auf (Gjerstad und Shachat 2007, S. 7)!

Diese Interpretation wird durch die Ergebnisse einer Untersuchung von Duffy und Ünver (2006, S. 543) gestützt: In einem computersimulierten Aktienmarktexperiment modifizierten sie die Versuchsbedingung von Gode und Sunder dahin gehend, dass die Null-Intelligenz-Käufer (Verkäufer) Gebote abgeben durften, die über (unter) dem Wert der Aktie lagen, solange dieses Verhalten durch ihr Gesamtbudget gedeckt war. Durch diese Versuchsbedingung sind Verluste bei Einzelgeschäften möglich.

In einem solchen computersimulierten Markt mit Null-Intelligenz-Händlern können Preisblasen wie in Laborexperimenten mit unerfahrenen menschlichen Versuchspersonen erzeugt werden (Duffy und Ünver 2006, S. 562). Aus einem Überblick über weitere Untersuchungen, bei denen die Versuchsbedingungen für Null-Intelligenz-Händler variiert wurden, folgert Duffy (2006, S. 964), dass es relativ einfach ist, Versuchsbedingungen zu erzeugen, bei denen Märkte mit Null-Intelligenz-Händlern nicht zum Erreichen des Marktgleichgewichtspreises führen.

Somit ist anzunehmen, dass gängige Marktstrukturen wie die doppelte Auktion nicht „automatisch" (das heißt auch bei Abwesenheit rationaler Marktteilnehmer) zu Effizienz von Finanzmärkten führen und die Bedingung eines Anteils rationaler Marktteilnehmer zur Gewährleistung der Effizienz von Märkten aufrecht zu erhalten ist.

2.3   Individuelle Rationalität im Rahmen von Preisblasen Experimenten

Experimente zur Bildung von Preisblasen bieten ebenfalls Anhaltspunkte dafür, dass zumindest ein Anteil rationaler Marktteilnehmer gegeben sein muss um effiziente Märkte gewährleisten zu können. Ein Merkmal der experimentellen Vorgehensweise liegt darin, dass hier – im Gegensatz zu den tatsächlichen Marktbedingungen[3] – durch die Versuchsbedingungen genau festgelegt werden kann, was unter rationalem Verhalten zu verstehen ist.

In den typischen Experimenten zu Preisblasen sind die Versuchsteilnehmer über ein lokales Computernetzwerk miteinander verbunden. Jeder Versuchsteilnehmer erhält eine bestimmte Menge an Geld und Aktien zum Handeln. Es gibt eine vordefinierte Anzahl an Handelsperioden, zum Beispiel 15 Handelsperioden. In jeder Handelsperiode wird pro Aktie eine bestimmte Dividende ausgezahlt. Die Versuchsteilnehmer kennen zwar nicht

---

[3]Die Probleme, individuelle Rationalität in realen Marktsituationen zu operationalisieren, werden in Kap. 3 besprochen.

im Vorhinein die exakte Dividende; sie bekommen aber die Information über die Verteilung der Dividenden, zum Beispiel werden mit einer Wahrscheinlichkeit von je 25 % entweder 60, 28, 8 oder 0 Cent ausgezahlt. Dadurch beträgt der Erwartungswert der Dividende 24 Cent und der Wert einer Aktie zu Beginn der 15 Handelsperioden $ 3,60 (15 * 24 Cent). Nach jeder Handelsperiode sinkt der Erwartungswert der Aktie um 24 Cent. Dieser „Fundamentalwert" der Aktien wird den Teilnehmern zu Beginn vorgerechnet (Caginalp et al. 2000, S. 24).

Rationales Verhalten würde darin bestehen, dass die Versuchsteilnehmer die Aktien um den Fundamentalwert kaufen oder verkaufen. Es gibt jedoch über viele Experimente in unterschiedlichen Variationen hinweg eine robuste Tendenz, Preisblasen und Kursstürze relativ zum Fundamentalwert zu produzieren (Caginalp et al. 2000, S. 24). Die einzige einer Vielzahl untersuchter Variablen, die zuverlässig die Bildung von Preisblasen in derartigen Experimenten eliminiert, ist die Erfahrung (Hussam et al. 2008, S. 925).

Versuchsteilnehmer, die ein solches Experiment zum ersten Mal ausführen, produzieren Preisblasen, die den Fundamentalwert bis um das Doppelte oder Dreifache übersteigen. Die Boom-Phase ist dabei gewöhnlich durch hohe Umsätze und lange Dauer (10 bis 11 Perioden) charakterisiert, gefolgt von einem Crash. Bei Teilnehmergruppen, die ein zweites Mal an diesem Experiment teilnehmen, treten diese Preisblasen hingegen nicht auf.

Zur Überprüfung dieser Erfahrungs-Hypothese wurde von King, Smith, Williams und Van Boening (1992, zitiert nach Caginalp et al. 2000, S. 27–28) eine Teilgruppe von „Insiderhändlern" geschaffen, die einen Aufsatz über das Verhalten der Teilnehmer bei den Preisblasen-Experimenten sowie Daten von unerfahrenen Versuchsteilnehmern vorab zur Verfügung gestellt bekamen. Drei Insiderhändler nahmen dann gemeinsam mit sechs oder neun uninformierten Probanden am Aktienmarktexperiment teil. Trotz der Möglichkeit von begrenzten Leerverkäufen durch die Insider bildete sich eine Preisblase; die Insider wurden von der Kaufwelle überwältigt und erreichten in Periode 11 das Limit ihrer Verkaufsmöglichkeiten.

Dufwenberg, Lindqvist und Moore (2005, S. 1731–1732) führten ein Experiment mit gemischter Erfahrung der Probanden durch, bei dem sie die Erfahrung durch die wiederholte Teilnahme am Experiment operationalisierten. Dabei konnten bereits bei einem Anteil von einem Drittel erfahrener Versuchsteilnehmer Preisblasen verhindert oder gedämpft werden.

Der Versuchsaufbau war im Vergleich zum Experiment von Caginalp et al. etwas abgeändert. Er sah zehn Handelsperioden vor, in denen für jedes gehandelte Wertpapier jeweils 0 oder 20 Cent mit gleicher Wahrscheinlichkeit ausgeschüttet wurden. Die jeweils sechs Versuchspersonen sammelten in drei Runden zu je zehn Handelsperioden Erfahrung. In der vierten Runde wurden entweder zwei oder vier der Versuchspersonen durch neue (unerfahrene) Versuchspersonen ersetzt (Dufwenberg et al. 2005, S. 1732). Die erfahrenen Versuchspersonen profitierten vom gemischten Markt mit den

unerfahrenen Versuchspersonen indem sie häufiger überdurchschnittliche Erträge reali-
sierten (Dufwenberg et al. 2005, S. 1735).

Zu einem ähnlichen Resultat kamen Ackert und Church (2001, S. 22): Wenn die
Hälfte der Versuchsteilnehmer über Erfahrung verfügte, wurden Preisblasen reduziert.
Die erfahrenen Versuchsteilnehmer erzielten zudem höhere Profite als die unerfahrenen
Versuchsteilnehmer.

Die Erfahrung wurde von Ackert und Church (2001, S. 8) über das Vorwissen (erfah-
rene Wirtschaftsstudenten versus Studienanfänger aus anderen Studienrichtungen) und
die wiederholte Teilnahme am Experiment operationalisiert. Die Analyse der unterschiedlichen Erfahrungsaspekte ergab, dass die einmalige Wiederholung den erfahrenen
Wirtschaftsstudenten half, die Preisblasen zu reduzieren. Für die Studienanfänger aus
anderen Studienrichtungen war die einmalige Wiederholung hingegen nicht ausreichend
(Ackert und Church 2001, S. 18).

Die Erfahrung führt jedoch nur dann zuverlässig zu rationalem Verhalten, wenn die
Bedingungen konstant gehalten werden. In einer Serie von Experimenten von Hussam
et al. (2008) wurde zunächst über zwei Runden das experimentelle Design verwendet,
das zu Beginn des Abschnitts bei Caginalp et al. (2000) beschrieben wurde. Danach
wurden aus den bisher unveränderten Teilnehmergruppen neue Gruppen gebildet. Die
Dividendenauszahlung wurde von den gewohnten vier Auszahlungen mit je 25 % Wahrscheinlichkeit auf fünf mögliche Auszahlungen mit je 20 % Wahrscheinlichkeit geändert
(0, 1, 8, 28, 98 Cent). Als dritte Veränderung wurde die Marktliquidität erhöht, indem
das Startportfolio der Teilnehmer weniger Aktien und mehr Bargeld enthielt (Hussam
et al. 2008, S. 928–929). Die Ergebnisse der neuen Runden zeigten, dass durch die ver-
änderten Bedingungen auch bei den erfahrenen Teilnehmern wieder Preisblasen entstehen. Die Ergebnisse von weiteren Runden in der neuen Umgebung deuten überdies
darauf hin, dass das Ausmaß der Preisblase eher durch die Versuchsbedingungen (Unsicherheit und Liquidität) bestimmt wird, während die Erfahrung vor allem die Dauer der
Preisblase beeinflusst (Hussam et al. 2008, S. 933–937).

Während in den Experimenten von Hussam et al. (2008) die Erfahrung durch die wiederholte Durchführung des Aktienmarktexperiments operationalisiert wurde, verwendete
Lahav (2011, S. 23) ein einmaliges Langfrist-Setting mit einer Dauer von 200 Runden.
Für die zeitliche Begrenzung des Experimentes wurde der Marktmechanismus als peri-
odisch stattfindender Handel anstelle der doppelten Auktion festgelegt. Die Dividenden
betrugen mit gleicher Wahrscheinlichkeit 0 und 0.30 Franc.

Durch die Analyse der 200 Runden in Form von fünf Blöcken zu 40 Runden oder
zehn Blöcken zu 20 Runden konnten die Auswirkungen zunehmender Erfahrung
bestimmt werden. Die Ergebnisse zeigen keine Reduktion der Preisblasen mit zunehmender Erfahrung der Teilnehmer. Lahav (2011, S. 25–26) schließt daraus, dass die Art
der Erfahrung entscheidend dafür ist ob Preisblasen reduziert werden können. Die Erfahrung einer vollen Handelssequenz scheint für die Teilnehmer eine bessere Bewertung der
Konsequenzen ihrer Kauf- und Verkaufsentscheidungen zu ermöglichen.

Zusammenfassend lässt sich aus den experimentellen Befunden der Schluss ziehen, dass Verallgemeinerungen über das Verhältnis von individueller zu kollektiver Rationalität (Markteffizienz) nur mit starken Einschränkungen möglich sind. Es wurde zwar Erfahrung als ein wichtiger Indikator der individuellen Problemlösungsfähigkeit identifiziert, jedoch variieren die Ergebnisse in Abhängigkeit der verschiedenen Umweltvariablen (zum Beispiel Anzahl der Handelsperioden, Liquidität, Varianz der Dividenden) sehr stark. So hilft in einigen Versuchsbedingungen die Erfahrung der gesamten Gruppe nichts dabei, Preisblasen zu reduzieren, während in anderen Versuchsbedingungen bereits ein Anteil von einem Drittel erfahrener Versuchsteilnehmer Preisblasen verhindern kann. Erschwerend für die Interpretation kommt hinzu, dass über die individuellen Strategien der Teilnehmer nichts bekannt ist. Denn wenn ein Teil der Teilnehmer Strategien verfolgt, die nicht der ökonomischen Theorie folgen, kann durch die Interaktion der unterschiedlichen Strategien eine komplexe Marktdynamik entstehen.

Die Effekte des Zusammentreffens unterschiedlicher Handelsstrategien können mit Hilfe von computersimulierten Modellen von Aktienmärkten untersucht werden. Im folgenden Abschnitt wird daher der Frage nachgegangen, ob sich mithilfe dieser Methode Anhaltspunkte finden lassen, wie groß der Anteil rationaler Marktteilnehmer sein muss, um Markteffizienz zu gewährleisten.

2.4 Individuelle Rationalität im Rahmen von evolutionären Aktienmarktsimulationen

Im Rahmen von computergestützten Aktienmarktsimulationen wie sie in agentenbasierten Modellen[4] und in Modellen der evolutionären Ökonomie, im Speziellen der evolutionären Finanzwirtschaft, durchgeführt werden, lässt sich untersuchen, wie gut sich bestimmte Strategietypen am Markt durchsetzen können. Evolutionäre Modelle wie die von Evstigneev, Hens und Schenk-Hoppe (2008, S. 2) versuchen, die Dynamik von Finanzmärkten mittels der Einführung von Darwinschen Ideen zu verstehen.

In diesen evolutionären Marktsimulationen setzt sich die Population der Marktteilnehmer aus einer Vielfalt von Strategietypen zusammen – die unterschiedlichen Investmentstile entsprechen der Artenvielfalt der Population. Durch Selektion wird die Vielfalt der Investmentstile eingeschränkt; durch Mutation hingegen neues Verhalten geschaffen. Nicht die Anzahl der Marktteilnehmer eines Investmentstiles ist entscheidend, sondern das Vermögen, das er anhäuft – deshalb lässt sich jeder Investmentstil durch einen einzelnen typischen Vertreter charakterisieren. Die Investmentstrategien sind dadurch charakterisiert, wie sie ihr Budget auf die einzelnen Wertanlagen verteilen. Somit sind die

---

[4]In agentenbasierten Modellen werden die Interaktionen der einzelnen Akteure (Agenten) eines Systems (zum Beispiel eines Marktes) simuliert um damit die dynamischen Entwicklungen eines Systems zu erklären. Eine detailliertere Beschreibung findet sich in Kap. 6.

Strategien rein deskriptiv und in Hinblick auf mögliche Eigenschaften der Investoren wie Erwartungen, Meinungen, Präferenzen oder heuristische Prozesse mehrdeutig interpretierbar. Die Leistungen der Strategien sind abhängig von ihren Interaktionen am Markt – jede Strategie beeinflusst die anderen Strategien ausschließlich durch ihren Einfluss auf den Marktpreis. Die Vermögen der Investoren werden durch die (zufallsverteilten) Auszahlungen der Wertanlagen und durch den Handel bestimmt. Die Selektion funktioniert über die Vermögensverteilung: die erfolgreichen Strategien werden reicher, die erfolglosen Strategien ärmer (Evstigneev et al. 2008, S. 5–6).

In einer ihrer Marktsimulationsstudien, deren Ergebnisse in Hinblick auf die Bedeutung individueller Rationalität für das Entstehen von Markteffizienz interpretiert werden können, ließen Evstigneev et al. (2008, S. 37–40) 11 Strategien gegeneinander antreten:

- Die Kelly Strategie[5], die von den Autoren unter den Bedingungen ihrer Marktsimulation als optimale (und damit rationale) Strategie angesehen wird.
- Eine illusionäre Diversifikationsstrategie[6].
- Eine Strategie, die sich am gewichteten Durchschnitt der Dividenden in der Stichprobe orientiert[7].
- Eine Strategie, die sich entsprechend dem systematischen Verhaltensfehler von Tversky und Kahneman (1992) verhält[8].
- Drei technische Handelsstrategien[9]: die erste Strategie repräsentiert Investoren, die auf den Trend wetten; die zweite Strategie repräsentiert Investoren, die auf die Umkehrung des Trends wetten; die dritte Strategie repräsentiert Investoren, die auf die Rückkehr der Preise zum Mittelwert (mean reversion) wetten.

---

[5]Die Kelly Regel stammt ursprünglich aus einem Spezialbereich von Pferdewetten (bei denen alle Einsätze ausgeschüttet werden) wo sie angibt, einen wie großen Anteil seines Vermögens ein Wettender auf ein Pferd setzen sollte. Sie maximiert bei häufig wiederholtem Wetten das Vermögen in allen Fällen, in denen es Unterschiede zwischen den objektiven Gewinnwahrscheinlichkeiten der Pferde und den tatsächlichen Wettquoten gibt – unter der Annahme, dass diese objektiven Wahrscheinlichkeiten dem Investor bekannt sind (Evstigneev et al. 2008, S. 7–10).

[6]Das Vermögen wird bei dieser Investmentstrategie gleichmäßig zwischen den verschiedenen Anlagemöglichkeiten verteilt (Evstigneev et al. 2008, S. 38).

[7]Diese Investmentregel ignoriert die Preisänderungen der Aktienkurse und verteilt das Anlagevermögen ausschließlich auf Basis der Erwartungswerte der Dividenden (Hens und Schenk-Hoppe 2004, S. 5).

[8]Bei dieser Investmentstrategie werden die Erwartungswerte auf Basis von verzerrten Wahrscheinlichkeiten berechnet. Dabei werden kleine Wahrscheinlichkeiten überschätzt und große Wahrscheinlichkeiten unterschätzt (Hens und Schenk-Hoppe 2004, S. 12).

[9]Wie unter anderem Hoffmann und Shefrin (2014, S. 5) für individuelle Investoren darlegen, versuchen Investoren, die technische Analysemethoden verwenden, Muster in den Kursdaten zu erkennen und diese Muster für Prognosen einzusetzen.

- Vier mathematisch anspruchsvolle Investment-Strategien, die auf Lösungen komplexer Optimierungsprobleme beruhen[10].

Für die Auszahlungen der einzelnen Anlagemöglichkeiten wurden die auf das Jahr umgerechneten Dividenden des Dow Jones Industrial Average Index (DJIA) von den 16 Unternehmen, die im Zeitraum von 1981 bis 2006 ununterbrochen gelistet waren, herangezogen. Die Dividendenzahlungen in den Simulationsperioden wurden durch Zufallsziehungen aus diesen 26 Jahren bestimmt (Evstigneev et al. 2008, S. 37–40).

Das Ergebnis der Marktsimulation zeigt, dass sich die Kelly Strategie im Laufe der Zeit durchsetzt, das heißt einen immer größeren Anteil des Gesamtvermögens besitzt. Die Strategie, die sich am gewichteten Durchschnitt der Dividenden orientiert sowie die im Sinne von Tversky und Kahneman verzerrte Kelly Strategie halten sich ebenfalls gut. Überraschend ist das verhältnismäßig gute Abschneiden der illusionären Diversifikationsstrategie und das schlechte Abschneiden der technischen Handelsstrategien und der anspruchsvolleren Anlagestrategien (Evstigneev et al. 2008, S. 40). Die Entwicklung der Marktpreise der Anlagen zeigt relativ große Schwankungen. Die Schwankungen gehen zwar im Zeitverlauf zurück, sind aber größer als man in Anbetracht der gleichmäßigen Entwicklung der Vermögen erwarten könnte (Evstigneev et al. 2008, S. 40).

Die Marktsimulation von Evstigneev, Hens und Schenk-Hoppe verfolgte zwar nicht explizit das Ziel, den Zusammenhang zwischen dem Anteil an rationalen Investoren und dem Erreichen eines effizienten Marktes im Sinne Famas darzustellen. Die Ergebnisse der Studie lassen jedoch den Schluss zu, dass ein kleiner Anteil von rationalen Investoren nicht ausreicht, um den Markt effizient zu machen, wie dies durch die starke Volatilität der Marktpreise zu Beginn der Simulation verdeutlicht wird. Erst mit wachsendem Vermögensanteil der Kelly Strategie werden die Marktpreise langsam stabil.

In anderen agentenbasierten Modellen mit evolutionärer Selektion von Strategien wie bei Brock (1993, 1997, zitiert nach Hommes und Wagner 2009, S. 219), Arthur et al. (1997, zitiert nach Hommes und Wagner 2009, S. 219), LeBaron et al. (1999) und Farmer (2002) zeigte sich, dass sich nicht immer die rationalen Strategien durchsetzten, sondern auch technische Handelsstrategien am Markt überleben konnten (Hommes und Wagner 2009, S. 219).

Allerdings arbeiten Designs wie das von LeBaron et al. (1999, S. 1488) neben der Selektion auch mit der Variation von Strategien. Die Agenten verfügen zum Beispiel über unterschiedliche Strategien welche Informationen sie heranziehen und wie sie Vergangenheitsdaten interpretieren und sie verändern diese Strategien im Zeitablauf. Dadurch ist eine Vielzahl von unterschiedlichen „mehr oder weniger" rationalen Strategien im Markt[11]; das heißt, es gibt keine „optimale" Strategie wie die Kelly Strategie in der zuvor erwähnten Marktsimulation und es kann daher auch nicht der Einfluss der

---

[10]Eine nähere Beschreibung findet sich bei Evstigneev et al. (2008, S. 40).

[11]Auf die Problematik der Operationalisierung von Rationalität im finanzwirtschaftlichen Kontext wird im Kap. 3 eingegangen.

optimalen Strategie auf die Marktpreisentwicklung beobachtet werden. Für die Beant-
wortung der Fragen, ob ein Anteil rationaler Marktteilnehmer zu Markteffizienz führt
und wie groß dieser Anteil rationaler Teilnehmer sein muss, ist dieses Design daher
weniger geeignet[12].

Bei der Interpretation der Ergebnisse sind weitere Kritikpunkte zu beachten, die für
derartige Modelle gelten: Die Computermodelle sind eine stark vereinfachte Abstraktion
der Realität. Bereits diese einfachen Modelle führen jedoch zu überraschend komplexen
Ergebnissen. Eine Erhöhung der Komplexität der Modelle und Annäherung an die Realität könnte zu einer weiteren Abweichung vom idealen Ergebnis[13] führen. Zudem ist bei
solchen Modellen ungeklärt, wie die zeitliche Skalierung der Simulationsstudie auf die
Realität übertragbar ist[14] (Frank 2003, S. 606).

2.5   Zusammenfassung

In diesem Kapitel wird argumentiert, dass ein Marktmodell im Sinne der Effizienzmarkthypothese die Existenz von rationalen Marktteilnehmern voraussetzt. Die Struktur des
Marktmechanismus allein reicht nicht aus, um effiziente Märkte zu gewährleisten. Denn
der Marktmechanismus bedarf der Akteure, die dieses Regulativ verstehen und ihre individuellen Gewinnerzielungsmöglichkeiten wahrnehmen – das heißt „rationaler" Akteure.

Famas Annahme, dass nicht sämtliche Marktteilnehmer rational agieren müssen, sondern bereits ein gewisser Anteil rationaler Akteure ausreiche, um effiziente Märkte zu
gewährleisten, wurde in den letzten Jahrzehnten von Vertretern der Effizienzmarkthypothese nicht genauer quantifiziert[15]. Experimentelle Untersuchungen im Feld der Behavioral Finance und Simulationsstudien aus der evolutionären Ökonomie legen nahe, dass
selbst unter konstanten Umgebungsbedingungen ein hoher Anteil rationaler Akteure oder
große Marktmacht (zum Beispiel ein hoher Vermögensanteil) der rationalen Akteure
gegeben sein muss, um zu Effizienz der Märkte zu führen.

---

[12]Weitere agentenbasierte Modelle, vor allem die Modellierung unterschiedlicher Strategietypen
unter den Agenten, werden im Kap. 6 behandelt.

[13]In der beschriebenen Marktsimulation wäre dieses ideale Ergebnis die Dominanz der Kelly Strategie am Markt.

[14]In der beschriebenen Marktsimulation werden einige hundert Runden durchgeführt – es ist
jedoch unklar, ob diese Runden mit Jahren, Monaten, Tagen oder Stunden am realen Markt ver-
gleichbar sind. Dies lässt daher in Bezug auf den zeitlichen Ablauf fast alle Interpretationen zu
(eine Interpretation nach Jahren könnte beispielsweise zu dem Schluss führen, dass die Kelly Strategie viele Jahrzehnte benötigt, um sich annähernd durchzusetzen und konstante Bedingungen über
einen so langen Zeitraum auf dem Markt unrealistisch sind; eine Interpretation nach Stunden
könnte zu dem Schluss führen, dass der Markt sehr schnell „effizient" wird).

[15]Zumindest sind dem Autor dieser Arbeit keine derartigen Studien bekannt.

Eine spezifische Eigenschaft der experimentellen Methode (und auch der computergestützten Marktsimulation) liegt jedoch darin, dass in der „Laborsituation" Begriffe oder Konstrukte wie Rationalität exakt operationalisierbar sind. Somit kann im Zuge experimenteller Methodik mit Konstrukten gearbeitet werden, die in der Realität nicht isolierbar und messbar sind oder die sogar als „Untersuchungsartefakte" im Labor erzeugt werden.

Ein Grund für die fehlenden Untersuchungen könnte somit in der Unbestimmtheit des Rationalitätsbegriffs in der Finanzwirtschaft sowie der mangelnden Übertragbarkeit des theoretischen Modells auf Realsituationen liegen. Im folgenden Abschnitt wird daher der Rationalitätsbegriff in der Finanzwirtschaft und seine Anwendbarkeit auf Realsituationen kritisch beleuchtet. Dies soll Schlussfolgerungen ermöglichen, ob der Rationalitätsbegriff adäquat operationalisiert ist, um darauf ein Marktmodell aufzubauen.

Literatur

Ackert, L. F., & Church, B. K. (2001). The effects of subject pool and design experience on rationality in experimental asset markets. *Journal of Psychology and Financial Markets, 2*(1), 6–28.

Arthur, W. B., Holland, J. H., LeBaron, B., Palmer, R., & Tayler, P. (1997). Asset pricing under endogenous expectations in an artificial stock market. In W. B. Arthur (Hrsg.), *The economy as an evolving complex system II* (Santa Fe Institute studies in the sciences of complexity proceedings, Bd. 27, 6. [print.], 2 (197), S. 15–44). Boulder: Westview.

Bösch, M. (2009). *Finanzwirtschaft. Investition, Finanzierung, Finanzmärkte und Steuerung.* München: Vahlen.

Brock, W. A. (1993). Pathways to randomness in the economy. Emergent nonlinearity and chaos in economics and finance. *Estudios Económicos, 8*(1), 3–55.

Brock, W. A. (1997). Asset price behavior in complex environments. In W. B. Arthur (Hrsg.), *The economy as an evolving complex system II* (Santa Fe Institute studies in the sciences of complexity: Proceedings volume, Bd. 27, 6. [print.], 2 (1997), S. 385–423). Boulder: Westview.

Caginalp, G., Porter, D., & Smith, V. L. (2000). Overreactions, momentum, liquidity, and price bubbles in laboratory and field asset markets. *Journal of Psychology and Financial Markets, 1*(1), 24–48.

Duffy, J. (2006). Agent-based models and human subject experiments. In L. Tesfatsion & K. L. Judd (Hrsg.), *Handbook of computational economics. Volume 2. Agent-based computational economics* (Handbooks in economics, Bd. 13, S. 949–1011). Amsterdam: Elsevier.

Duffy, J., & Ünver, M. U. (2006). Asset price bubbles and crashes with near-zero-intelligence traders. *Economic Theory, 27*(3), 537–563.

Dufwenberg, M., Lindqvist, T., & Moore, E. (2005). Bubbles and experience: An experiment. *American Economic Review, 95*(5), 1731–1737.

Evstigneev, I. V., Hens, T., & Schenk-Hoppe, K. R. (2008). *Evolutionary Finance* (Research Paper Series 08–14). Swiss Finance Institute. http://papers.ssrn.com/sol3/papers.cfm?abstract_id=1155014. Zugegriffen 25. Aug. 2010.

Fama, E. F. (1970). Efficient capital markets: A review of theory and empirical work. *Journal of Finance, 25*(2), 383–417.

Fama, E. F. (1991). Efficient capital markets: II. *Journal of Finance, 46*(5), 1575–1617.

Farmer, J. D. (2002). Market force, ecology and evolution. *Industrial and Corporate Change,* *11*(5), 895–953.

Frank, J. (2003). Natural selection, rational economic behavior, and alternative outcomes of the evolutionary process. *Journal of Socio-Economics, 32,* 601–622.

Friedman, M. (1953). The methodology of positive economics. In M. Friedman (Hrsg.), *Essays in positive economics* (S. 3–43). Chicago: The University of Chicago Press.

Gjerstad, S., & Shachat, J. (2007). *Individual rationality and market efficiency,* Purdue University, Department of Economics. Purdue University Economics Working Papers: 1204. http://econpapers.repec.org/RePEc:pur:prukra:1204. Zugegrriffen: 6. Aug. 2010.

Gode, D. K., & Sunder, S. (1993). Allocative efficiency of markets with zero-intelligence traders: Market as a partial substitute for individual rationality. *Journal of Political Economy, 101*(1), 119–137.

Hens, T., & Schenk-Hoppé, K. R. (2004). *Survival of the fittest on Wall Street. Discussion papers from Institute of Economics, University of Copenhagen.* http://www.economics.ku.dk/research/publications/wp/2004/0403.pdf/. Zugegriffen: 21. Aug. 2015.

Hoffmann, A. O. I., & Shefrin, H. (2014). Technical analysis and individual investors. *Journal of Economic Behavior & Organization, 107, Part B,* 487–511. http://www.sciencedirect.com/science/article/pii/S0167268114001073. Zugegriffen 24. Sept. 2014.

Hommes, C. H., & Wagner, F. (2009). Complex evolutionary systems in behavioral finance. *Handbook of financial markets,* 217–276.

Hussam, R. N., Porter, D., & Smith, V. L. (2008). Thar she blows. Can bubbles be rekindled with experienced subjects? *American Economic Review, 98*(3), 924–937.

King, R., Smith, V. L., Williams, A., & Van Boening, M. (1992). The robustness of bubbles and crashes in experimental stock markets. In I. Prigogine, R. H. Day, & P. Chen (Hrsg.), *Nonlinear dynamics and evolutionary economics.* Oxford: Oxford Univ. Press.

Kühne, U. (1997). Wie erklärt man mit unsichtbaren Händen? In U. Krause & M. Stöckler (Hrsg.), *Modellierung und Simulation von Dynamiken mit vielen interagierenden Akteuren* (S. 75–86). Bremen: Universität Bremen. http://elib.suub.uni-bremen.de/ip/docs/00010115.pdf. Zugegriffen: 28. Nov. 2013.

Lahav, Y. (2011). Price patterns in experimental asset markets with long horizon. *Journal of Behavioral Finance, 12*(1), 20–28.

LeBaron, B., Arthur, W. B., & Palmer, R. (1999). Time series properties of an artificial stock market. *Journal of Economic Dynamics & Control, 23*(9/10), 1487–1516.

Malkiel, B. G. (2003). The efficient market hypothesis and its critics. *Journal of Economic Perspectives, 17*(1), 59–82.

Shefrin, H. (Hrsg.). (2001). *Behavioral finance* (The international library of critical writings in financial economics, Bd. 10, 3 Bände). Cheltenham Glos: Elgar.

Smith, A. (2006). *Der Wohlstand der Nationen. [eine Untersuchung seiner Natur und seiner Ursachen]* (CapitalBuch, Bd. 2, 1. Aufl.). München: FinanzBuch-Verl.

Smith, V. L. (1976). Experimental economics: Induced value theory. *American Economic Review, 66*(2), 274–279.

Streminger, G. (1995). *Der natürliche Lauf der Dinge. Essays zu Adam Smith und David Hume.* Marburg: Metropolis-Verl.

Tversky, A., & Kahneman, D. (1992). Advances in prospect theory. Cumulative representation of uncertainty. *Journal of Risk and Uncertainty, 5,* 297–323.

Der Rationalitätsbegriff im Kontext der Effizienzmarkthypothese und seine Probleme

Zusammenfassung

Auf Basis der gängigen Definition und Operationalisierung des Rationalitätsbegriffes entstehen Probleme für das ökonomische Finanzmarktmodell. Ein rationaler Investor sollte sich entsprechend der Effizienzmarkthypothese bei der Bewertung von Finanzanlagen an den ökonomischen Bewertungsmodellen orientieren und dadurch zu einer „wahren" Bewertung gelangen. Diese (hypothetische) Vorgehensweise der rationalen Investoren führt modellintern zu Widersprüchen zwischen Markteffizienz und individueller Rationalität. Die Übertragbarkeit des Modells auf die Realität leidet unter der Anforderung an die rationalen Investoren, die Zukunft in probabilistischer Form (objektiv, in perfekter Voraussicht) darstellen zu können. Ein solches Verständnis von Rationalität impliziert, dass rationale Investoren über die Fähigkeit verfügen, mithilfe des Prinzips der Induktion zu gesicherten Erkenntnissen zu gelangen.

3.1 Das Verständnis von Rationalität in der Effizienzmarkthypothese

Unter Rationalität wird in der (neoklassischen) Finanztheorie im Wesentlichen die Fähigkeit zur objektiven Bewertung von Finanzanlagen verstanden. Entsprechend der Markteffizienzdefinition (Fama 1970, S. 383) bedeutet das, dass die Bewertung einer Finanzanlage durch den rationalen Investor alle verfügbaren Informationen vollständig widerspiegelt. Wie Fama (1970, S. 384) selbst ausführt, ist diese Effizienzdefinition allerdings so allgemein gehalten, dass sie noch keine empirisch überprüfbaren Folgerungen ermöglicht. Dazu muss die Preisfindung genauer spezifiziert werden.

Fama (1970, S. 384) nennt das häufig verwendete Kriterium des Erwartungswertes als Konzept zur Preisfindung und relativiert dieses Kriterium zugleich, indem er es als bloß eine von mehreren Möglichkeiten zur Darstellung einer Verteilung von Erträgen durch ein Summenmaß charakterisiert. Der finanzwirtschaftliche Rationalitätsbegriff wird hier also an die Anwendung von Modellen aus der Ökonomie geknüpft.

Die Erwartungen rationaler Investoren entsprechen somit den Vorhersagen der ökonomischen Theorie, wie Cymbalista (1998, S. 37–38) zusammenfassend zur Hypothese der rationalen Erwartungen im Rahmen der Markteffizienzthese rekapituliert[1]. Die individuellen Erwartungen rationaler Investoren sind durch die verfügbare Information bedingt und nehmen die Form objektiver Wahrscheinlichkeitsverteilungen der relevanten ökonomischen Variablen an. Die Antizipationsversuche rationaler Investoren sind damit äquivalent zu statistischen Schlüssen. Ein individueller Investor kann daher dann rational im finanzwirtschaftlichen Sinne genannt werden, wenn seine Bewertungen von Investitionsmöglichkeiten mit der ökonomischen Theorie übereinstimmen (und diese Bewertungen sein Kauf- und Verkaufsverhalten bestimmen).

Am Beispiel der Bewertung einer Aktie heißt das, dass entsprechend der ökonomischen Theorie der Preis einer Aktie zum gegenwärtigen Zeitpunkt der Summe ihrer diskontierten[2] zukünftigen Erträge (Dividenden) entsprechen sollte (Brealey und Myers 2000, S. 66). Das bedeutet für den rationalen Investor, dass er die verfügbaren Informationen in objektive Wahrscheinlichkeitsverteilungen der zukünftigen Dividenden „übersetzen" muss, damit er die Erwartungswerte der zukünftigen Dividenden bestimmen und entsprechend der Kapitalwertmethode den Preis der Aktie berechnen kann. Dieser Wert einer Aktie wird in der Finanzwirtschaft als „innerer", „wahrer" oder auch „fundamentaler" Wert bezeichnet.

Begriffsbezeichnungen wie diese legen nahe, dass Wertpapieren somit ein „Wert per se" unabhängig von sozialen Wertzuschreibungen zugeordnet werden kann. Himmelfreundpointner (2001, S. 16) vergleicht eine solche finanzwirtschaftliche Position daher mit einer naturwissenschaftlichen Wissenschaftsauffassung, wo der Analyseprozess zu einer sukzessiven Annäherung an die „Wahrheit" führt.

Diese „objektivistische" Wissenschaftsauffassung ist in der (finanzwirtschaftlichen) Ökonomie tief verwurzelt, in der das ökonomische und finanzielle Gleichgewicht aus der Anpassung an die Bedingungen von Ressourcenknappheit entsteht und die Preise demzufolge durch die Fundamentalwerte (Ressourcen, Technologien, Konsumentenpräferenzen, Marktstrukturen) bestimmt sind. Eine solche „Objektivität" der Fakten macht die subjektiven Meinungen der einzelnen (entsprechend der Theorie „informierten", „rationalen") Akteure nahezu bedeutungslos (Orléan 2012).

Eine derartige „objektivistische" Wissenschaftsauffassung ist notwendig, wenn man die Effizienzmarkthypothese und in Verbindung damit das Konzept des rationalen Investors aufrechterhalten will: denn nur ein Wissenschaftler, der der Meinung ist, dass sich

---

[1]Eine ausführliche Beschreibung der Verwendung der Hypothese der rationalen Erwartungen im Rahmen der Markteffizienzthese kann bei Cymbalista (1998, S. 22–45) nachgelesen werden.

[2]Diskontieren bedeutet abzinsen (die Zinsen herausrechnen), das heißt den Wert eines zukünftigen Geldbetrages in den Wert eines heutigen Geldbetrages umrechnen (Bösch 2009, S. 54).

die von ihm verwendeten theoretischen Modelle der Wahrheit annähern, kann gleichzeitig die eigenen wissenschaftlichen Modelle als Richtschnur für die individuelle Rationalität von Investoren heranziehen. Ein im Gegensatz dazu subjektiver Rationalitätsbegriff würde implizieren, dass die Rationalitätsvorstellungen zwischen dem untersuchenden Wissenschaftler und den untersuchten Investoren divergieren können und daher das ökonomische Modell nicht als Maßstab für die Rationalität der Investoren herangezogen werden kann. Weiterhin würde ein subjektiver Rationalitätsbegriff bedeuten, dass sich die individuellen Einschätzungen der rationalen Investoren untereinander unterscheiden können und aufgrund dieser Divergenzen kein eindeutiger Schluss von den Informationen auf den Marktpreis möglich wäre.

Im Umkehrschluss heißt das, dass den ökonomischen Bewertungsmodellen im Kontext der Effizienzmarkthypothese unbedingte Rationalität zugesprochen werden müsste, da sie als Leitlinie für rationale Investoren gelten. Von Kritikern der Effizienzmarkthypothese werden jedoch Probleme aufgezeigt, welche die Möglichkeit objektiver Bewertung durch rationale Investoren in Zweifel ziehen. Diese Probleme stellen die Effizienzmarkthypothese in einer grundlegenden Weise infrage. Denn wie zuvor erörtert, ist für die Konzeption des rationalen Investors der „Wahrheitsanspruch" der zugrunde liegenden ökonomischen Modelle zwingend. Im folgenden Abschnitt werden diese Probleme dargestellt.

3.2 Probleme des Rationalitätskonzepts der Effizienzmarkthypothese

Drei Kritikpunkte, die für die spätere Argumentation dieser Analyse von Bedeutung sein werden, sollen hier angeführt werden. Der erste Kritikpunkt zeigt modellinterne Widersprüche und Paradoxien auf, die beim gleichzeitigen Vorhandensein von individueller und kollektiver Rationalität im Kontext der Effizienzmarkthypothese entstehen. Die zweite Richtung der Kritik führt grundsätzliche Anwendungsprobleme bei der Bildung rationaler Erwartungen im Sinne statistischer Erwartungswerte an. Dabei wird die Adäquatheit der verwendeten Verfahren und Operationalisierungen – vor allem in Hinblick auf den Begriff der „Zukunft" – infrage gestellt. Zum Abschluss dieses Abschnitts wird das Induktionsproblem als grundlegendes erkenntnistheoretisches Problem rationaler Erwartungsbildung (wie sie in der Ökonomie verstanden wird) identifiziert und der Umgang mit dem Induktionsproblem bei der ökonomischen Modellbildung diskutiert.

3.2.1 Widersprüche zwischen individueller und kollektiver Rationalität

Die Annahme, dass die Preise auf effizienten Märkten alle verfügbaren Informationen widerspiegeln, birgt einen Widerspruch in sich: Ein rationaler Investor kann in einer solchen Situation durch Informationsbeschaffung keinen Gewinn für seine Anlagestrategie erzielen, da alle Informationen bereits eingepreist sind. Dies führt dazu, dass die rationalen Investoren auf die Informationsbeschaffung verzichten, um die Kosten der Informationsbeschaffung zu vermeiden. Die Märkte werden ineffizient und daraus ergibt sich ein Anreiz für die Investoren, wiederum Informationen zu beschaffen. Es stellt sich also nie der postulierte Gleichgewichtszustand ein, bei dem die Preise alle verfügbaren Informationen widerspiegeln (Grossman und Stiglitz 1980, S. 404).

Auf andere Weise formuliert bedeutet das, dass sogar die individuellen Bewertungen rationaler Investoren nicht mit dem aggregierten Marktergebnis gleichgesetzt werden können (die individuellen Bewertungen nicht rationaler Investoren ohnehin nicht), da individuell unterschiedliche Informationsbeschaffung und daraus resultierend unterschiedlicher Informationsstand zu individuell unterschiedlichen Bewertungen führt.

Die rationalen Investoren verfügen somit nicht über die „optimale Voraussicht", unter der sie anhand aller für den Markt verfügbaren Informationen objektive Wahrscheinlichkeitsverteilungen der relevanten Variablen generieren können (Cymbalista 1998, S. 37–38).

Eine notwendige Voraussetzung für die Vermeidung dieser paradoxen Situation und damit für die Möglichkeit der Existenz effizienter Märkte ist daher, dass die Informationsbeschaffung keine Kosten verursacht. Grossmann und Stieglitz (1980) fassen diese Erkenntnis und ihre Konsequenzen für die Effizienzmarkthypothese folgendermaßen zusammen:

> Efficient Markets theorists seem to be aware that costless information is a sufficient condition for prices to fully reflect all available information (see Fama 1970, S. 387); they are not aware that it is a necessary condition. But this is a reducto [sic] ad absurdum, since price systems and competitive markets are important only when information is costly (see Fredrick Hayek, S. 452, 404).

Die Grundbedingung für effiziente Märkte, dass die Informationsbeschaffung keine Kosten verursacht, widerspricht also dem eigentlichen Daseinszweck von Märkten. Denn Menschen kennen nur Teile der verfügbaren Informationen. Marktpreise helfen den Menschen dabei, ihre ökonomischen Handlungen zu koordinieren; sie signalisieren Veränderungen, ohne dass die Menschen die vielfältigen Gründe für diese Veränderungen kennen müssen und ermöglichen es ihnen, ihre Handlungen an Veränderungen anzupassen (Hayek 1945, S. 526–527).

Bereits Hayek kritisiert im Zuge dessen eine Denkweise in der Ökonomie, die auch in der später formulierten Effizienzmarkthypothese stark ausgeprägt ist: Ökonomische Modelle, die Lösungen von der Annahme ausgehend errechnen, dass alle Fakten einem Einzelnen bekannt sind, gehen an dem eigentlichen („realen") Problem vorbei. Denn es müsste vielmehr gezeigt werden, wie Lösungen durch die Interaktionen Vieler, die nur über Teile der Informationen verfügen, erzielt werden (Hayek 1945, S. 530). In den Worten Hayeks (1945):

To assume all the knowledge to be given to a single mind in the same manner in which we assume it to be given to us as the explaining economists is to assume the problem away and to disregard everything that is important and significant in the real world (S. 530).

3.2.2 Probleme bei der Bildung rationaler Erwartungen

Wie in Abschn. 3.1 erläutert, impliziert das Rationalitätskonzept, dass sich ein rationaler Investor bei Investitionsentscheidungen entsprechend der ökonomischen Theorie verhält. Dem entsprechend muss er rationale Erwartungen bilden, mit welchen finanziellen Konsequenzen (potenziellen Auszahlungen) seine Entscheidungsalternativen verknüpft sind und in weiterer Folge „nutzenmaximierend" Entscheidungen treffen.

Für eine solche Vorgehensweise fehlen jedoch eindeutige Regeln, wie Informationen in objektive Wahrscheinlichkeitsverteilungen umgesetzt werden können. Die folgenden Kritikpunkte an der ökonomischen Theorie der Erwartungsbildung stellen daher infrage ob es ein „Idealmodell" rationalen Investorenverhaltens geben kann. Da die Erwartungsbildung an dem Begriff der Zukunft hängt, werden zunächst unterschiedliche Begriffsvorstellungen von Zukunft erläutert, wie sie in der ökonomischen Diskussion vorliegen und danach Anwendungsprobleme der vorherrschenden probabilistischen Sichtweise dargelegt.

Möglichkeiten der Operationalisierung von „Zukunft"
Orléan (2010, S. 19–20), greift zur Illustration unterschiedlicher Zukunftskonzepte auf die in die Ökonomie von Knight (1921, zitiert nach Orléan 2010, S. 19–20) eingeführte Differenzierung zwischen drei Formen von Zukunft zurück: Zunächst gibt es Situationen, in denen Ereignisse mit gleichen Wahrscheinlichkeiten auftreten, das heißt Situationen, in denen die Wahrscheinlichkeitsrechnung problemlos anwendbar ist (zum Beispiel Lotterien). Knight (1921, zitiert nach Orléan 2010, S. 19–20) nennt dies „a priori Wahrscheinlichkeiten".

Zweitens gibt es Situationen, in denen Ereignisse zu ausreichend homogenen Klassen zusammengefasst werden können, sodass annäherungsweise Wahrscheinlichkeiten anhand der beobachteten Häufigkeiten bestimmt werden können. Knight (1921, zitiert nach Orléan 2010, S. 19–20) nennt dies „statistische Wahrscheinlichkeiten".

Drittens gibt es Situationen, in denen die Ereignisse so einmalig sind, dass keine statistischen Schlussfolgerungen gezogen werden können. Knight (1921, zitiert nach Orléan 2010, S. 19–20) nennt dies „Schätzungen" oder „Annahmen". Dies sind also Situationen radikaler Unsicherheit, in denen die Wahrscheinlichkeitsrechnung nicht anwendbar ist, da sich die Zukunft nicht aufgrund der Vergangenheit erschließen lässt. Die ersten beiden Situationen werden zusammenfassend als „Risikosituationen" bezeichnet, in denen die Verteilung der möglichen Ergebnisse aufgrund vergangener Erfahrungen bekannt ist, während in Situationen von Unsicherheit keine Aussagen über Wahrscheinlichkeitsverteilungen getroffen werden können.

Wie bereits in Abschn. 3.1 festgestellt, ist der rationale Akteur auf die Kenntnis objektiver Wahrscheinlichkeitsverteilungen, das heißt auf „Risikosituationen" im Sinne Knights, angewiesen; ohne diese Annahme ist die Effizienzmarkthypothese und damit das Konzept des rationalen Marktteilnehmers nicht operationalisierbar. Die Frage ist daher nun, mit welcher Form von Zukunft die Akteure auf Finanzmärkten zu tun haben.

Taleb (2008) tendiert zur Beschreibung der Zukunft als nicht berechenbarer Unsicherheit, die viele Menschen allerdings nicht wahrhaben wollen. Er vertritt die Hypothese, dass Akteure auf Finanzmärkten (wie auch andere Menschen) einem Denkfehler unterliegen, der von ihm „ludische Verzerrung" genannt wird und den er folgendermaßen charakterisiert: „Aufgrund des Bestätigungsfehlers … behaupten wir, der Spezialfall der Spiele (den die Wahrscheinlichkeitstheorie ja verfolgen konnte) sei der allgemeine Fall" (S. 164).

Orléan (2012) nennt Begründungen, weshalb für diese unzulässige Verallgemeinerung (der Annahme der „Objektivität der Zukunft") gerade Ökonomen besonders anfällig sind: Zunächst bedeutet gute Modellbildung für Ökonomen zu objektivieren – individuelle Kognition wird daher auf rationale Kalkulation reduziert. Außerdem befürchten Ökonomen bei der Aufgabe der Annahme einer probabilistischen Zukunft, das heißt bei radikaler Unsicherheit, keine konstruktiven Aussagen mehr treffen zu können.

Dieser Konsens in der ökonomischen Theorie, dass die Zukunft in probabilistischer Form modelliert wird, hat sich jedoch erst im Lauf der Geschichte eingestellt. Wie McGoun (1995, S. 511) in einer historischen Betrachtung zeigt, war die Anwendung probabilistischer Theorien in der Ökonomie bis 1930 stark umstritten. Erst als sich ab 1930 vermehrt Mathematiker der Ökonomie zuwendeten, wurden diesbezügliche Einwände zunächst umgangen und ab 1950 größtenteils vergessen. Damit beruhen auch die moderne Portfoliotheorie[3] und die Modelle zur Anlagenbewertung auf einer Negierung dieser Probleme.

Probleme der probabilistischen Operationalisierung von „Zukunft"
Probabilistische Ansätze, die sich aus der Betrachtung relativer Häufigkeiten anhand von Vergangenheitsdaten ergeben, weisen mehrere – von McGoun (1995) aus der historischen Diskussion herausgearbeiteten – Probleme auf.

Das Referenzklassenproblem bezieht sich auf die Schwierigkeit festzustellen, welche der vergangenen Bedingungen ausreichend ähnlich zu den gegenwärtigen Bedingungen sind, um aus der relativen Häufigkeit eines Ereignisses unter den vergangenen Bedingungen auf die Wahrscheinlichkeit des Auftretens des Ereignisses unter den gegenwärtigen

---

[3]Unter einem Portfolio versteht man eine Kombination mehrerer Finanzinstrumente. Die Wertentwicklung eines Portfolios wird als Ganzes betrachtet (siehe beispielsweise Franke, Härdle und Hafner 2001, S. 10–11).

Bedingungen schließen zu können. So hängt die Ermittlung der zukünftigen Insolven-zwahrscheinlichkeit eines Unternehmens von der Wahl des Bezugsrahmens (Auswahl der relevanten Unternehmen in „vergleichbaren" Situationen in der Vergangenheit, Aus-wahl des Betrachtungszeitraums) ab (McGoun 1995, S. 512–513). Dies würde zwar für eine subjektive, heuristische Annäherung ausreichen, doch für ein „rationales" Urteil im Sinne der Effizienzmarkthypothese ist eine objektive Wahrscheinlichkeitsverteilung gefragt.

Zu bedenken ist hier zusätzlich, dass ein rationaler Investor über eine vollständige Liste aller möglichen zukünftigen Ereignisse verfügen müsste (Orléan 2012). Es genügt für einen rationalen Investor daher nicht, die Referenzklasse anhand eines möglichen zukünftigen Ereignisses zu ermitteln. Er müsste alle möglichen Ereignisse kennen (zum Beispiel die verschiedenen Entwicklungsmöglichkeiten eines Unternehmens) und die Referenzklasse der vergangenen Ereignisse daher in einer Weise bestimmen, dass alle möglichen zukünftigen Entwicklungsverläufe darin enthalten sind. Das bedeutet, wenn neue Entwicklungsmöglichkeiten in der Zukunft in Erwägung gezogen werden, kann keine Referenzklasse in der Vergangenheit identifiziert und damit keine „objektiven Wahrscheinlichkeiten" ermittelt werden.

Ein weiteres Problem besteht in Bezug auf das Gesetz der großen Zahlen: Der Erwar-tungswert einer Verteilung ist jener Wert, der langfristig realisiert wird. Wenn Investoren zwischen zwei Investitionsmöglichkeiten wählen müssen, wobei die eine einen höheren durchschnittlichen Jahresertrag erwirtschaftet aber auch über eine höhere Standardab-weichung verfügt und die andere einen niedrigeren durchschnittlichen Jahresertrag und eine niedrigere Standardabweichung aufweist, dann sagt die ökonomische Theorie, dass die Auswahlentscheidung vom Ausmaß der Risikoaversion des Investors abhängt (die Alternative mit der höheren Standardabweichung ist die riskantere). Nach dem Gesetz der großen Zahlen kann ein geduldiger Investor jedoch durch die oftmalige Wieder-holung des Investments den höheren durchschnittlichen Jahresertrag „sicher" erwirt-schaften. Denn wenn die relative Häufigkeitsverteilung stabil genug ist, dass man ihre Standardabweichung als „Risikomaß" verwenden kann, dann ist sie auch stabil genug, den höheren Ertrag nahezu sicher zu gewährleisten (McGoun 1995, S. 513).

Das letzte von McGoun (1995, S. 513) angeführte Problem ist das Schätzproblem. Die Streuung einer relativen Häufigkeitsverteilung realer historischer Ereignisse wird verwendet, um die Streuung einer hypothetischen relativen Häufigkeitsverteilung mög-licher zukünftiger Ereignisse zu schätzen. Die „Messung" des Risikos ist damit selbst wieder mit einem gewissen Risiko behaftet (man müsste eine weitere Wahrscheinlich-keitsverteilung dafür generieren, wie zuverlässig die Stichprobe der vergangenen Ereig-nisse das zukünftige Risiko einschätzen lässt – auch diese Schätzung wäre wiederum riskant – dieser Gedankengang könnte ad infinitum weitergeführt werden …).

Diese Probleme weisen darauf hin, dass sich für den einzelnen Investor keine all-gemeine Regel aufstellen lässt, wie die Zukunft in eindeutiger Weise „rational" mit Hilfe von Vergangenheitsdaten modelliert werden kann. Im Gegensatz zu klassischen

Anwendungsbeispielen für probabilistische Ansätze wie Lotterien oder Roulette Situationen verfügt ein Investor in der Regel nicht über eine vollständige Liste aller möglichen Entwicklungsverläufe eines Unternehmens. Sollte jedoch eine solche Liste aller möglichen zukünftigen Ereignisse vorliegen, lassen sich diesen Ereignissen nicht in eindeutiger Weise Wahrscheinlichkeiten zuordnen: So können Investoren beispielsweise unterschiedlicher Meinung sein, nach welchen Kriterien (zum Beispiel Branche, Unternehmensgröße, finanzwirtschaftliche Kennzahlen, volkswirtschaftliche Rahmendaten, Betrachtungszeitraum) die Referenzklasse der Vergleichsunternehmen ausgewählt werden soll, um anhand der Vergangenheitsdaten der Referenzklasse eine Kalkulation der Wahrscheinlichkeiten für die möglichen zukünftigen Ereignisse des Unternehmens durchzuführen. Zudem können sich die Investoren in Hinblick auf den Umgang mit dem Risiko unterscheiden, dass die auf den Vergangenheitsdaten basierenden Berechnungen keine adäquaten Schätzer für die zukünftigen Ereignisse darstellen (zum Beispiel, weil in der Zukunft neue Einfluss Faktoren wirksam werden).

Die Probleme der probabilistischen Modellierung der Zukunft lassen sich ebenfalls am Beispiel der modernen Portfoliotheorie erläutern. Bei der modernen Portfoliotheorie werden die näheren Umstände, unter denen ein Unternehmen seine Erträge generiert, ausgeblendet und die Erträge als unabhängige Zufallsrealisationen aus einer gegebenen unveränderlichen Wahrscheinlichkeitsverteilung („Urnenmodell") angesehen. Damit können alle zukünftigen Erträge eines Unternehmens anhand seiner eigenen Vergangenheitsdaten geschätzt werden. Diese Vorgehensweise hat zur Folge, dass Schätzfehler (der mittels historischer Daten ermittelte Stichprobenwert stellt eine ungenaue Schätzung dar) und Modellfehler (die Realität entspricht nicht den Modellannahmen)[4] auftreten können (Spremann 2008, S. 123–146). Für die Anwendbarkeit des Modells zur Ermittlung der zukünftigen Ertragsdaten müsste daher die Gültigkeit der Modellannahmen (zum Beispiel ob die Daten normalverteilt sind) sichergestellt werden. Die Überprüfung der Modellannahmen kann jedoch nur anhand historischer Daten vorgenommen werden, wobei hier wiederum Variabilität bei der Datenauswahl (zum Beispiel können Investoren eine unterschiedliche Festlegung des historischen Zeitraumes oder der gewählten Zeitintervalle vornehmen) besteht. Dies entspricht dem von McGoun (1995, S. 512–513) genannten Referenzklassenproblem – je nach Auswahl der historischen Ertragsdaten können unterschiedliche Ergebnisse hinsichtlich der vorliegenden Verteilung erzielt werden. Zudem kann nicht sichergestellt werden, dass die aus historischen Ertragsdaten ermittelte Verteilung eine adäquate Einschätzung der zukünftigen Verteilung ermöglicht. Dies entspricht wiederum dem von McGoun (1995, S. 513) genannten Schätzproblem. Die Portfoliotheorie leidet somit ebenfalls unter den Anwendungsproblemen probabilistischer Vorgehensweisen und kann daher nicht als „objektive" Sicht der Zukunft verstanden werden kann.

---

[4]Das „Urnenmodell" basiert auf den Annahmen, dass die Erträge der zeitlich aufeinander folgenden Perioden voneinander unabhängig sind, dass die Erträge normalverteilt sind und dass sich die Wahrscheinlichkeitsverteilung der Erträge niemals ändert. Die letzte Annahme wird als Stationarität bezeichnet (Spremann 2008, S. 141).

Hinter diesen Schwierigkeiten in der „objektiven" Operationalisierung steckt ein grundsätzliches erkenntnistheoretisches Problem – das Induktionsproblem. Im folgenden Abschnitt wird daher auf den Umgang mit dem Induktionsproblem in der ökonomischen (neoklassischen) Modellbildung eingegangen.

3.2.3 Der Umgang mit dem Induktionsproblem bei der Modellbildung

Popper (1995, S. 92) formuliert das Induktionsproblem in Anlehnung an Hume so, dass es logisch unhaltbar ist, aus wiederholten Einzelfällen, von denen wir Erfahrungswissen besitzen, auf Fälle zu schließen, von denen wir kein Erfahrungswissen haben. Dabei macht es keinen Unterschied, ob wir bei den zu prognostizierenden Fällen nach Gewissheit oder Wahrscheinlichkeit verlangen.

Die Wahrheit von Gesetzen kann daher durch übereinstimmende Beispiele nicht erschlossen werden; hingegen kann von einem logischen Standpunkt aus ein Gesetz durch ein Gegenbeispiel widerlegt werden (Popper 1995, S. 95). Menschliche Erkenntnis hat somit den Charakter von Vermutungen; der Erkenntnisprozess ist ein Prozess von Versuchen und Fehlerbeseitigungen (Popper 1995, S. 89).

Viele Wissenschaftler vertreten dennoch implizit oder explizit die Auffassung, dass es eine universell anwendbare Methode gibt, das Induktionsproblem probabilistisch zu lösen. Gigerenzer und Marewski (2015) illustrieren dies am Beispiel von Bayesianern und Frequentisten, die zwar keine universell anwendbare Methode statistischer Inferenz gefunden haben, jedoch mit Surrogaten wie dem „p-Wert" oder „Bayes-Faktoren" die Illusion vermitteln, dass ihre Instrumente kontextunabhängig einsetzbar sind. Sie folgern: „Much ink has been spilled by Bayesians in criticizing frequentists, and vice versa. But the true enemy lies within each of the fighting parties. It is the idol of a universal method of scientific inference" (Gigerenzer und Marewski 2015, S. 437).

Eine solche Idealvorstellung von universell einsetzbaren Methoden mag auch der Tendenz von Ökonomen zugrunde liegen, bei Problemen mit ihren Modellen nicht die Annahmen und Anwendungsbedingungen der Modelle zu hinterfragen, sondern ihre Modelle komplexer zu machen, zum Beispiel durch die Verwendung komplexerer Wahrscheinlichkeitsverteilungen (Aikman, Galesic, Gigerenzer, Kapadia und Katsikopoulos 2014, S. 5). Dadurch wird wiederum die Illusion gefördert, man könnte eine „wahre Verteilung" finden, um das Induktionsproblem zu lösen. Die komplexeren Modelle stellen jedoch keine Lösung des Induktionsproblems im Sinne der Generierung von „wahren Prognosen" dar, sondern bewirken nur eine bessere Übereinstimmung („Fit") zwischen den (vergangenheitsbezogenen) Daten und dem Modell. Die Prognosefähigkeit der komplexeren Modelle kann hingegen darunter leiden, dass sie zu genau an die Daten angepasst werden („Overfitting"), das heißt zufällig in den Vergangenheitsdaten entstehende Regelmäßigkeiten für

Aspekte der zu beschreibenden Gesetzmäßigkeiten halten. Dies kann dazu führen, dass in Situationen von Unsicherheit einfache Modelle den komplexeren Modellen in Hinblick auf ihre Prognosefähigkeit überlegen sind (Neth et al. 2013, S. 138–139).

Fama (1991) ist das Induktionsproblem für den Wissenschaftler, der die Effizienz von Kapitalmärkten untersucht, (in einem gewissen Ausmaß) bewusst. Er beschreibt das von ihm so benannte Problem der Verbundhypothese folgendermaßen:

> Ambiguity about information and trading costs is not, however, the main obstacle to infe-rences about market efficiency. The joint-hypothesis problem is more serious. Thus, market efficiency per se is not testable. It must be tested jointly with some model of equilibrium, an asset-pricing model. This point, the theme of the 1970 review (Fama (1970)), says that we can only test whether information is properly reflected in prices in the context of a pricing model that defines the meaning of „properly." As a result, when we find anomalous evidence on the behavior of returns, the way it should be split between market inefficiency or a bad model of market equilibrium is ambiguous. … It is a disappointing fact that, because of the jointhypothesis problem, precise inferences about the degree of market efficiency are likely to remain impossible (Fama 1991, S. 1575–1576).

Markteffizienz kann somit empirisch nicht festgestellt werden, ohne dass man über ein Bewertungsgesetz oder ein Bewertungsmodell[5] verfügt, das bestimmt, wie Informatio-nen korrekt durch die Preise der Wertpapiere wiedergegeben werden. Die mit diesem Modell ermittelten Werte können dann mit den empirisch beobachtbaren Marktdaten ver-glichen werden. Aufgrund des Vermutungscharakters menschlichen Wissens ist es jedoch nicht sicher, ob dieses Bewertungsmodell korrekt ist, das heißt ob die damit ermittelten Wertpapierpreise einer „rationalen", „effizienten" Bewertung entsprechen. Der Wissen-schaftler, der Märkte auf ihre Effizienz überprüft, kann sich nie sicher sein, ob sein Bewertungsmodell korrekt ist. Das Ausmaß der Effizienz eines empirisch untersuchten Marktes kann daher nicht mit Sicherheit festgestellt werden.

In der Diskussion über die Gültigkeit der Markteffizienzthese verwendet Fama (1998, S. 293) das Argument über Unzulänglichkeiten der verwendeten Bewertungsmodelle jedoch nicht, um die Schwierigkeiten „rationaler" Bewertungen aufzuzeigen, sondern um in Studien festgestellte Ineffizienzen zu relativieren. Etwaige entdeckte „Ineffizienzen" des Marktes können auf Fehler des Bewertungsmodells des Wissenschaftlers zurückge-führt werden. Laut Fama führt ein Wechsel des Bewertungsmodells häufig dazu, dass Ineffizienzen verschwinden.

Somit werden zwar dem Wissenschaftler, der die Effizienzmarkthypothese untersucht, Unsicherheiten[6] bei der Bewertung von Wertpapieren zugestanden – nicht aber dem „rationalen Investor", der dem gleichen Problem gegenübersteht und dessen „objektive"

---

[5]Häufig wird das Preismodell für Kapitalgüter (englisch CAPM) verwendet, wie beispielsweise von Fama und French (1992, S. 427) in einer Studie, in der sie den Erklärungswert des Modells mit anderen Finanzkennzahlen vergleichen.

[6]Mit Unsicherheiten sind hier Unsicherheiten bezüglich der Adäquatheit des Bewertungsmodells gemeint.

Bewertung von Wertpapieren für die Aufrechterhaltung des Konstruktes der Effizienz-markthypothese notwendig ist. Laut Boland (2003, S. 87) stellt eine solche Vorgehens-weise ein allgemeines Problem neoklassischer (ökonomischer) Modellbildung dar. In seiner Analyse der Methodologie neoklassischer Forschung kritisiert Boland in Bezug auf die Modellbildung, dass die explizite oder implizite Annahme, ein Entscheider ver-füge über „wahres" Wissen, aufgrund des Problems der Induktion eine Unmöglichkeit darstellt. Es werden also Modelle entwickelt, die auf unmöglichen Annahmen beruhen.

Boland (2003, S. 257–259) schlägt daher vor, dass Wissenschaftler bei der Modellbil-dung darauf verzichten, sich mit dem Problem der Induktion auseinanderzusetzen oder sogar eine „Lösung" dafür in das Modell einbauen. Zusätzliche Informationen, die ein Entscheider erhält oder zusätzliche Beobachtungen, die er tätigt, verbessern nicht auto-matisch sein Wissen und die Wahrscheinlichkeit, dass sein Wissen „wahr" ist. Hingegen können sie die aktuelle Sichtweise des Entscheiders widerlegen und damit verändern. Es besteht kein Grund für die Annahme, dass Entscheider über eine „wahre" Theorie ihrer spezifischen Problemsituation verfügen oder dass alle Entscheider die Problemstel-lung aus der gleichen Perspektive betrachten. Da es keine induktive Logik gibt, können Modelle des Entscheidungsverhaltens nicht auf Eigenschaften der physischen Welt redu-ziert werden. Die Art der Theoriebildung und das Situationsverständnis des Entscheiders müssen somit bei der Modellbildung berücksichtigt werden.

Überträgt man diese Erkenntnisse auf die Modellierung von Finanzmärkten, bedeutet dies in letzter Konsequenz, dass das Rationalitäts- und Effizienzkonzept in seiner der-zeitigen Form fallen gelassen werden muss. Denn Effizienz und Rationalität setzen vor-aus, dass es ein „objektives" Bewertungsmodell für Wertpapiere gibt, dessen allgemeine Gültigkeit aufgrund von Beobachtungen induktiv erschlossen wurde und daher von „rati-onalen Investoren" in gleicher Weise ohne Berücksichtigung eines individuellen Prob-lem- und Situationsverständnisses eingesetzt wird.

3.3   Zusammenfassung und Erkenntnisse für die Modellbildung

Das Konstrukt des effizienten Marktes auf Basis der Annahme des rationalen Investors stellt einen Kunstgriff dar, der die Marktmodellierung zunächst (scheinbar) wesent-lich erleichtert: Indem die direkte und eindeutige Wirkung von Informationen auf Marktpreise postuliert wird, erspart sich der Forscher die Auseinandersetzung mit den individuellen Verhaltensweisen der Investoren und er kann finanzwirtschaftliche Bewer-tungsmodelle zur Erklärung von Marktentwicklungen einsetzen.

Diese Bewertungsmodelle, die in der Finanzwirtschaft ihren (heuristischen) Wert bei der Lösung spezifischer praktischer Problemstellungen (wie beispielsweise Aktien- und Unternehmensbewertungen) haben, müssen jedoch scheitern, wenn ihnen oder ihren Anwendern (den „rationalen" Investoren) im Rahmen eines wissenschaftlichen Modells der Status objektiver Erkenntnisfähigkeit zugeschrieben wird. Denn die zu bestimmenden Bewertungen sind auf die Zukunft (zukünftige Erträge) gerichtet und können daher nur aufgrund von Abstraktionen vergangener Erfahrungen geschätzt werden. Der Wissenschaftler steht somit ebenso wie der einzelne Investor vor dem Induktionsproblem; eindeutige Aussagen, welche Bewertungen ein „rationaler Investor" oder ein „effizienter Markt" vornehmen, sind nicht möglich. Zudem ist das Modell in sich inkonsistent, wenn man nicht die (unrealistische) Annahme treffen will, dass der rationale Investor keine Informationskosten hat.

Für eine realitätsnähere Marktmodellierung sollte daher auf ein Rationalitäts- und Effizienzkonstrukt, wie es im Kap. 3 geschildert wurde, verzichtet werden. Dies ist nicht mit der Aussage gleichzusetzen, dass sich in einem realitätsnäheren Marktmodell keine Investoren befinden sollten, die finanzwirtschaftliche Bewertungsverfahren verwenden. Diesen Bewertungsverfahren kommt jedoch nicht der Status von „objektiven", „wahren" Bewertungsverfahren zu; sie beeinflussen den Marktpreis – wenn viele Marktteilnehmer diese Verfahren verwenden – über ihre Einflussnahme auf Angebot und Nachfrage. Für eine realitätsnähere Marktmodellierung stellt sich ebenfalls die Frage, ob die Marktteilnehmer mit dem Prognoseproblem in probabilistischer Art und Weise umgehen oder ob auch andere Herangehensweisen in das Modell integriert werden sollen.

Die Forderung, Modellannahmen sollten realitätsnah sein, wird allerdings nicht von allen Ökonomen geteilt. Es gibt eine instrumentalistische Argumentationslinie in der Ökonomie, die den Wahrheitsstatus von Modellannahmen für irrelevant erklärt, solange die durch das Modell erzielten Vorhersagen zutreffend sind (Boland 2003, S. 186). Im folgenden Kap. 4 wird daher untersucht, ob die Effizienzmarkthypothese als instrumentalistisches Modell zur Erklärung von Marktpreisen funktioniert und wie ein alternatives instrumentalistisches Marktmodell aussehen könnte, das auf die Annahme von Rationalität der Marktteilnehmer verzichtet.

Literatur

Aikman, D., Galesic, M., Gigerenzer, G., Kapadia, S., & Katsikopoulos, K. (2014). Taking uncertainty seriously. Simplicity versus complexity in financial regulation. Financial stability paper/ Bank of England. http://www.bankofengland.co.uk/research/Pages/fspapers/fs_paper28.aspx.

Boland, L. A. (2003). *The foundations of economic method* (Routledge INEM advances in economic methodology, 2. Aufl.). London: Routledge. (Routledge INEM advances in economic methodology).

Bösch, M. (2009). *Finanzwirtschaft. Investition, Finanzierung, Finanzmärkte und Steuerung.* München: Vahlen.

Brealey, R. A., & Myers, S. C. (2000). *Principles of corporate finance* (6. Aufl.). Boston: Irwin & McGraw-Hill.

Cymbalista, F. (1998). *Zur Unmöglichkeit rationaler Bewertung unter Unsicherheit. Eine monetär-keynesianische Kritik der Diskussion um die Markteffizienzthese* (Studien zur monetären Ökonomie, Bd. 22). Marburg: Metropolis-Verlag.

Fama, E. F. (1970). Efficient capital markets: A review of theory and empirical work. *Journal of Finance, 25*(2), 383–417.

Fama, E. F. (1991). Efficient capital markets: 2. *Journal of Finance, 46*(5), 1575–1617.

Fama, E. F. (1998). Market efficiency, long-term returns, and behavioral finance. *Journal of Financial Economics, 49*(3), 283–306.

Fama, E. F., & French, K. R. (1992). The cross-section of expected stock returns. *Journal of Finance: Journal of the American Finance Association, 47*(2), 427–465.

Franke, J., Härdle, W., & Hafner, C. (2001). *Einführung in die Statistik der Finanzmärkte*. Berlin: Springer.

Gigerenzer, G., & Marewski, J. N. (2015). Surrogate science: The idol of a universal method for scientific inference. *Journal of Management, 41*(2), 421–440.

Grossman, S. J., & Stiglitz, J. E. (1980). On the impossibility of informationally efficient markets. *American Economic Review, 70*(3), 393–408.

Hayek, F. A. (1945). The use of knowledge in society. *American Economic Review, 35*(4), 519–530.

Himmelfreundpointner, T. (2001). *Der Kapitalmarkt als autopoietisches System. Warum Finanzwirtschaft Ökonomie sein sollte*. Unveröffentlichte Dissertation, Universität Innsbruck, Innsbruck.

Knight, F. H. (1921). *Risk, uncertainty and profit* (Hart, Schaffner & Marx prize essays, Bd. 31). Boston: Houghton Mifflin.

McGoun, E. G. (1995). The history of risk „measurement". *Critical Perspectives on Accounting, 6,* 511–532.

Neth, H., Meder, B., Kothiyal, A., & Gigerenzer, G. (2013). Homo heuristicus in the financial world. From risk management to managing uncertainty. *Journal of Risk Management in Financial Institutions, 7*(2), 134–144.

Orléan, A. (2010). The impossible evaluation of risk. http://www.parisschoolofeconomics.com/orlean-andre/depot/publi/PRISMEanglais0410.pdf. Zugegriffen: 7. Sept. 2012.

Orléan, A. (2012). Knowledge in finance: Objective value versus convention. http://www.parisschoolofeconomics.com/orlean-andre/depot/publi/knowledge0606.pdf. Zugegriffen: 25. Aug. 2015.

Popper, K. (1995). Das Problem der Induktion. In D. Miller (Hrsg.), *Karl Popper Lesebuch. Ausgewählte Texte zu Erkenntnistheorie, Philosophie der Naturwissenschaften, Metaphysik, Sozialphilosophie* (UTB für Wissenschaft: Uni-Taschenbücher, Bd. 2000, S. 85–102). Tübingen: Mohr.

Spremann, K. (2008). *Portfoliomanagement* (IMF – International Management and Finance, 4., überarb. Aufl.). München: Oldenbourg.

Taleb, N. N. (2008). *Der Schwarze Schwan. Die Macht höchst unwahrscheinlicher Ereignisse*. München: Hanser.

Die Effizienzmarkthypothese als instrumentalistisches Marktmodell

4

Zusammenfassung

Zu Beginn wird die instrumentalistische Denkweise in der Ökonomie, wie sie von Milton Friedman begründet wurde, vorgestellt. Anschließend wird der Begriff der Viabilität aus dem radikalen Konstruktivismus nach Glasersfeld entlehnt, um Aussagen über den Zweck instrumentalistischer Modellbildung in der Wissenschaft zu tätigen. Die instrumentalistische Rechtfertigung der Effizienzmarkthypothese wird daraufhin überprüft: Es wird gezeigt, dass die Effizienzmarkthypothese auch auf Basis einer instrumentalistischen Sichtweise verworfen werden müsste, da sie das Viabilitätskriterium nicht erfüllt. Mithilfe des Konzepts der nichttrivialen Maschine von Heinz von Foerster wird eine instrumentalistische Alternativerklärung für die Unprognostizierbarkeit von Kursverläufen angeboten.

4.1 Die instrumentalistische Wissenschaftsauffassung in Ökonomie und radikalem Konstruktivismus

Die instrumentalistische Wissenschaftsauffassung in der modernen Ökonomie wird durch Milton Friedman vertreten. Sein viel zitierter Aufsatz von 1953 über die Methodologie positiver Ökonomie führte in den 1950er und 1960er Jahren zu einer Reihe an Kritiken – die Kritiker hielten laut Boland (2003, S. 191) seinen Aufsatz jedoch für einen Beitrag zur methodologischen Diskussion bezüglich Induktivismus und Konventionalismus und erkannten nicht, dass Friedman eine Version eines instrumentalistischen Standpunktes vertrat. Die wichtigsten Aspekte seines Aufsatzes werden im Folgenden in Kürze dargestellt, um das Grundverständnis instrumentalistischer Denkweisen zu veranschaulichen und im nächsten Abschnitt des Kapitels auf die Effizienzmarkthypothese anwenden zu können. Eine weiterführende methodologische Diskussion von Friedmans Standpunkt ist bei Boland (n.d.) zu finden.

Nach Friedman (1953, S. 8–9) sollten Theorien danach beurteilt werden, wie gut sie die Phänomene, die sie erklären wollen, erklären können. Der einzige relevante Test einer Hypothese ist daher, ob ihre Vorhersagen mit Beobachtungen übereinstimmen. Eine Hypothese wird verworfen, wenn ihre Vorhersagen (häufig) widerlegt werden – oder zumindest häufiger als die Vorhersagen einer alternativen Hypothese.

Die Überprüfung von Annahmen, die einer Hypothese zugrunde liegen, ist hingegen kein Test der Validität einer Hypothese. Aussagekräftige Hypothesen verfügen häufig über unrealistische Annahmen. Der Grund liegt laut Friedman (1953, S. 14–15) darin, dass eine Hypothese mit wenig Aufwand Vieles dann erklärt, wenn sie von vielen komplexen Umständen des Phänomens abstrahiert, das heißt die gemeinsamen und wichtigen Elemente herausfiltert und die anderen Umstände negiert.

Diese Argumentation ist laut Boland (n.d., S. 1–2) logisch konsistent. Denn während wahre Annahmen wahre Schlussfolgerungen (Vorhersagen der Theorie) nach sich ziehen (Modus Ponens) und aus falschen Folgerungen (Vorhersagen) auf die Falschheit zumindest einer Annahme geschlossen werden kann (Modus Tollens), ist der Schluss von der Falschheit von Annahmen auf die Falschheit von Schlussfolgerungen (Vorhersagen) logisch unzulässig.

Friedman (1953, S. 16–19) nennt als ein Beispiel das physikalische Gesetz, dass Körper mit einer konstanten Beschleunigung g fallen. Dieses gilt im Vakuum, kann jedoch angewendet werden „als ob" es auch in der Erdatmosphäre für einen kompakten Ball gelten würde, der vom Dach eines Gebäudes fällt. Eine Testung der Annahmen würde bedeuten, dass man den Luftdruck bestimmt und feststellt, ob er nahe genug bei null ist. Eine Testung der Vorhersage durch die Hypothese bedeutet hingegen, dass man die prognostizierte mit der beobachteten Falldauer vergleicht. Eine solche Hypothese wird akzeptiert, wenn sie „funktioniert", das heißt wenn sich Körper annähernd so verhalten, „als ob" sie im Vakuum fallen würden. Funktioniert die Hypothese nicht (zum Beispiel bei Federn) wird sie hingegen verworfen oder modifiziert, indem weitere Variablen einbezogen werden (beispielsweise Form oder Luftdruck).

Ein weiteres Beispiel ist das Verhalten eines exzellenten Billardspielers: Ein Modell seines Verhaltens, das auf mathematischen Berechnungen über geeignete Laufwege der Kugel aufbaut, kann geeignet sein, sein tatsächliches Verhalten zu beschreiben. Das heißt jedoch nicht, dass der Billardspieler tatsächlich diese Berechnungen durchführt. Wenn man ihn nach seiner Vorgehensweise fragt, behauptet er vielleicht, er würde es „ausknobeln" und reibt danach noch zur Sicherheit an einer Hasenpfote. Dennoch „funktioniert" das mathematische Modell, da es das tatsächliche Verhalten näherungsweise prognostizieren kann (Friedman 1953, S. 21–22).

Ähnliches gilt laut Friedman (1953, S. 21–22) für die Maximierungshypothese in der Ökonomie: Unternehmen verhalten sich „als ob" sie auf rationale Weise versuchen würden, ihre Erträge zu maximieren, als ob sie über alle dafür notwendigen Daten verfügen würden[1] und als ob sie die relevanten Kosten und Nachfragefunktionen kennen würden. Das „Funktionieren" einer Hypothese ist nach instrumentalistischer Auffassung somit das wesentliche Kriterium für deren Akzeptanz oder Ablehnung.

Im radikalen Konstruktivismus nach Glasersfeld (1996) wird die Notwendigkeit instrumentalistischer Hypothesenbildung erkenntnistheoretisch begründet. In seinen erkenntnistheoretischen Grundannahmen bezieht sich der radikale Konstruktivismus dabei auf Piaget. Demnach baut der Mensch sein Wissen aktiv auf (Glasersfeld 1996, S. 96). Der Zweck der kognitiven Tätigkeit des Menschen liegt nicht in der Erkenntnis einer objektiven, von ihm unabhängigen Welt. Die kognitiven Tätigkeiten stellen vielmehr ein Hilfsmittel des menschlichen Organismus bei seiner Anpassung an die Umwelt dar (Glasersfeld 2001, S. 39). Wissenschaftler erfinden demnach theoretische Modelle und testen ihre Funktionsfähigkeit in wiederholten und kontrollierten Beobachtungs- und Erfahrungssituationen. Nicht-Wissenschaftler sammeln „Daumenregeln" und versuchen, sie in ihrem Alltag anzuwenden. Beide streben nicht danach, ein „wahres" Bild einer beobachterunabhängigen Realität zu erlangen, sondern Instrumente zu gewinnen, mit denen sie ihre Erfahrungen organisieren können (Glasersfeld 2001, S. 33).

Zwischen der Erfahrungswelt und der ontischen Welt kann daher nicht ein Verhältnis von Übereinstimmung, Korrespondenz oder Annäherung angenommen werden. Aus dieser Überlegung heraus wird im radikalen Konstruktivismus postuliert, dass die Vorstellungen, Hypothesen oder Modelle, die durch Erfahrungen gewonnen werden, in die ontische Welt „passen". Für dieses „Passen" im Sinne von Funktionieren wird der Begriff der Viabilität verwendet. Vorstellungen, Hypothesen oder Modelle werden als viabel bezeichnet, solange sie nicht mit Beschränkungen oder Hindernissen in Konflikt geraten. Dies lässt sich anhand der Metapher eines blinden Wanderers, der einen Wald durchqueren möchte, um an einen Fluss zu gelangen, veranschaulichen. Auch wenn der Wanderer tausendmal durch den Wald läuft, gelangt er nicht zu einem Bild des „wirklichen" Waldes. Aus den Erfahrungen von Gehen und Anstoßen baut er eine Vorstellung eines Netzes von Wegen, die zu seinem Ziel führen, auf. Dieses Netz „passt" in den wirklichen Wald, doch es unterscheidet sich von dem Bild, das ein „objektiver" Beobachter von dem Wald oder den Bäumen hätte (Glasersfeld 2000, S. 18–19).

Diese Metapher verdeutlicht auch, dass unterschiedliche Wege gefunden werden können, die zum Ziel führen. Deshalb sollte eine funktionierende Problemlösung nicht mit einer „objektiven" oder „wahren" Problemlösung gleichgesetzt werden (Glasersfeld 2000, S. 32). Die instrumentalistische Überlegung, dass (in Bezug auf die Wissenschaft)

---

[1]Es ist allerdings fraglich, ob die Maximierungshypothese ein geeignetes Beispiel für instrumentalistische Modellbildung ist. Denn ein Grund für instrumentalistische Modellbildung liegt darin, das Induktionsproblem zu vermeiden. Die Annahme, dass ein Geschäftsmann über „alle für die Maximierung notwendigen Informationen" verfügt, steht jedoch in Widerspruch zum Induktionsproblem und führt weiterhin zu dem Problem, dass dem Geschäftsmann eine höhere Erkenntnisfähigkeit zugesprochen wird als dem die jeweilige Fragestellung untersuchenden Wissenschaftler (siehe dazu die Schilderung des Problems der Verbundhypothese in Kap. 3).

mehrere Hypothesen gleichzeitig denkbar sind, die zur Lösung eines Problems herangezogen werden können, stimmt wiederum mit den Feststellungen Friedmans überein, dass es – sobald eine Hypothese mit den verfügbaren Daten übereinstimmt – prinzipiell eine unbegrenzte Anzahl von möglichen Hypothesen gibt, die mit den Daten übereinstimmen und dass eine Hypothese erst dann verworfen wird, wenn es eine Alternativhypothese gibt, deren Vorhersagen weniger oft durch die Erfahrung widerlegt werden (Friedman 1953, S. 8–9).

4.2   Die instrumentalistische (Um)deutung der Effizienzmarkthypothese

Aus Kap. 3 ging hervor, dass die (neoklassische) Ökonomie ein Selbstverständnis aufweist, das eher an die klassischen Naturwissenschaften erinnert. Die Meinungen der handelnden Akteure spielen keine wesentliche Rolle, denn die Gesetze der Ökonomie können ähnlich Naturgesetzen beschrieben werden (Orléan n.d., S. 2).

Eine solche Wissenschaftsauffassung könnte je nach Ausprägung mit wissenschaftstheoretischen Schlagworten wie Induktivismus, Falsifikationismus oder kritischem Rationalismus beschrieben werden. Da eine Verifikation von Annahmen wie der Maximierungshypothese jedoch nicht möglich ist und ökonomische Modelle aufgrund empirischer Falsifikationen von Annahmen wie der Maximierungshypothese verworfen werden müssten, schwanken Ökonomen zwischen konventionalistischer (die Modelle sind im Rahmen gewisser konventionalistischer Kriterien „wahr") und instrumentalistischer (der Wahrheitsstatus der Modelle ist irrelevant – die Modelle sind nützliche Instrumente) Argumentation (Boland 2003, S. 26–29).[2]

Eine solche Vorgehensweise hat eine gewisse „Immunisierungswirkung" gegen Kritik für ökonomische Modelle wie die Effizienzmarkthypothese zur Folge. Denn während Ökonomen ihren Modellen durch den „Objektivitätsanspruch" eine besondere Bedeutung gegenüber anderen sozialwissenschaftlichen Disziplinen verleihen (Orléan n.d.), schützen sie ihre Modelle gleichzeitig vor Kritik mithilfe instrumentalistischer Argumentation. Die Widerlegung eines solchen Modells durch die empirische Widerlegung von Modellannahmen wird daher von vielen Ökonomen nicht akzeptiert. Für eine kritische Prüfung eines solchen Modells ist es daher notwendig, das Modell so zu deuten „als ob" es als instrumentalistisches Modell konzipiert wäre und daraufhin den instrumentalistischen Nutzen des Modells für den konzipierten Anwendungsbereich zu prüfen sowie nach Möglichkeit ein alternatives Erklärungsmodell vorzuschlagen.

Für die Deutung der Effizienzmarkthypothese als instrumentalistisches Modell sprechen einige Argumente Famas, die er in der Auseinandersetzung mit Kritikern der

---

[2]Diese Argumentationen finden in der Regel ohne expliziten Verweis auf wissenschaftstheoretische Konzepte statt. Deshalb sind etwaige diesbezügliche Inkonsistenzen in der Modellkonzeption weniger auffällig.

Effizienzmarkthypothese vorbringt. So schreibt Fama (1991) bei seinem Rückblick auf zwei Jahrzehnte Forschung zur Effizienzmarkthypothese:

> Since there are surely positive information and trading costs, the extreme version of the market efficiency hypothesis is surely false. Its advantage, however, is that it is a clean benchmark that allows me to sidestep the messy problem of deciding what are reasonable information and trading costs. I can focus instead on the more interesting task of laying out the evidence on the adjustment of prices to various kinds of information. Each reader is then free to judge the scenarios where market efficiency is a good approximation (that is, deviations from the extreme version of the efficiency hypothesis are within information and trading costs) and those where some other model is a better simplifying view of the world (S. 1575).

Laut Fama (1991) sind somit die Annahmen der Effizienzmarkthypothese, dass die Beschaffung von Informationen und das Handeln von Wertpapieren keine Kosten verursacht, falsch. Die Effizienzmarkthypothese (in seiner extremen Form) ist damit zwar ebenfalls falsch; dennoch ist die Effizienzmarkthypothese als wissenschaftliches Modell im Sinne einer „Benchmark" nützlich. Denn ihre Vorhersagen können mit den empirischen Daten über Marktpreise verglichen werden und gegebenenfalls als Approximation herangezogen werden. Die Beschäftigung mit den (falschen) Annahmen des Modells und eine Anpassung der Annahmen an die chaotische Realität sind hingegen weniger erstrebenswert.

Diese Argumentation Famas deckt sich mit Friedmans (1953) instrumentalistischer Sichtweise. Ähnlich wie in Friedmans Illustrationsbeispiel zum physikalischen Gesetz fallender Körper im Vakuum kann die Anwendung eines wissenschaftlichen Modells auch dann gerechtfertigt sein, wenn die Annahmen des Modells (Vakuum im Beispiel von Friedman sowie keine Informations- und Handelskosten im Modell von Fama) nicht zutreffen, das Modell in seinen Vorhersagen (Falldauer sowie Reaktion der Marktpreise auf Informationen) jedoch annäherungsweise korrekt ist.

Friedman (1953, S. 14–15) begründet allerdings die Abweichungen der Annahmen des Modells von der Realität mit der Notwendigkeit, von unwesentlichen Details zu abstrahieren. Wie in Kap. 3 herausgearbeitet, bedeutet die Annahme von rationalen Investoren auf Finanzmärkten jedoch, dass die Investoren das Problem der Induktion gelöst haben, das heißt über perfekte Voraussicht der Zukunft verfügen. Eine solche Aussage kann nicht als (simplifizierende) Abstraktion der Realität aufgefasst werden. Dies lässt sich leicht illustrieren, indem man zwei gegensätzliche Aussagen über Investoren gegenüberstellt:

- Investoren verfügen über Verfahren, die eine perfekte Voraussicht der Zukunft ermöglichen.
  versus
- Investoren verfügen über keine Verfahren, die eine perfekte Voraussicht der Zukunft ermöglichen.

Wie Fama (1991) in Bezug auf das in Kap. 3 geschilderte Problem der Verbundhypothese selbst einräumt, ist die zweite Aussage eine adäquate Abstraktion der Realität, da
selbst Wissenschaftler im Finanzbereich nicht über derartige Methoden verfügen. Die
gegenteilige Abstraktion, dass Investoren über Methoden verfügen, die Zukunft perfekt
vorherzusagen, kann daher keine adäquate Generalisierung, Simplifikation oder Abstraktion der Realität darstellen. Die Annahme des rationalen Investors stellt demzufolge
keine Abstraktion oder Simplifikation, sondern eine Unmöglichkeit dar. Während Fama
somit die instrumentalistische Ansicht von Friedman teilt, dass die Überprüfung von
Annahmen keinen adäquaten Test einer Hypothese darstellt, ist die Friedmansche Rechtfertigung für die Verwendung widerlegter Annahmen in instrumentalistischen Modellen
für die Effizienzmarkthypothese nicht anwendbar.

In einem Artikel, in dem Fama (1998) sich mit alternativen Erklärungsansätzen der
Behavioral Finance auseinandersetzt, schreibt er:

> A problem in developing an overall perspective on long-term return studies is that they
> rarely test a specific alternative to market efficiency. Instead, the alternative hypothesis is
> vague, market inefficiency. This is unacceptable. Like all models, market efficiency (the
> hypothesis that prices fully reflect available information) is a faulty description of price for-
> mation. Following the standard scientific rule, however, market efficiency can only be repla-
> ced by a better specific model of price formation, itself potentially rejectable by empirical
> tests (S. 284).

Der Nachweis von Ineffizienzen des Marktes reicht laut Fama (1998) somit nicht aus, um
die Effizienzmarkthypothese zu verwerfen. Denn als Alternativhypothese zur Erklärung
von Marktpreisen ist die Postulierung von Ineffizienzen zu vage. Diese Argumentation
entspricht ebenfalls einer instrumentalistischen Sichtweise: In einer wissenschaftstheoretischen Ausrichtung wie dem von Popper (1995) vertretenen kritischen Rationalismus
würde die Falsifikation von Markteffizienz durch den empirischen Nachweis von Ineffizienzen zu einem Verwerfen des Modells führen oder zumindest eine Modifizierung des
Modells erforderlich machen (siehe Kap. 3). Entsprechend einer instrumentalistischen
Sichtweise sollte die Markteffizienzhypothese jedoch beibehalten werden, bis ein alternatives Modell gefunden wird, das die Daten besser erklärt.

Die Auffassung Famas (1991, 1998) von der Effizienzmarkthypothese als wissenschaftlicher Hypothese deckt sich somit in den beiden wesentlichen Punkten mit der instrumentalistischen Sichtweise Friedmans (1953): Der funktionelle Nutzen (die Viabilität)
der Effizienzmarkthypothese ist das einzige Kriterium für die Modellgültigkeit und wird
durch die Qualität ihrer Vorhersagen bestimmt (nicht durch die Gültigkeit der Modellannahmen). Das Modell kann nur verworfen werden, wenn ein alternatives Modell gefunden wird, das bessere Vorhersagen generiert. Die wesentlichen Begriffe und Aussagen
der Effizienzmarkthypothese werden daher nun den zuvor identifizierten instrumentalistischen Begrifflichkeiten (Annahmen, Hypothese, Anwendungszweck/funktionaler
Nutzen, Vorhersagen) zugeordnet um zu prüfen ob die Effizienzmarkthypothese als instrumentalistisches Modell „funktioniert".

Die Annahmen der Effizienzmarkthypothese (es gibt keine Transaktionskosten, es gibt keine Informationskosten, die Marktteilnehmer sind sich einig über die Bedeutung der Informationen für die Wertpapierpreise und Marktpreise) wurden bereits in Kap. 2 erörtert und benötigen keine weitere Diskussion, da die Annahmen für die Überprüfung eines instrumentalistischen Modells irrelevant sind.

In Bezug auf die Hypothese (die Wertpapierpreise spiegeln die verfügbare Information vollständig wider) sollte der Informationsbegriff näher spezifiziert werden. Wie bereits in Kap. 3 ausgeführt, benötigen rationale Marktteilnehmer Informationen, um die zukünftigen Ertragschancen eines Unternehmens oder eines Wertpapiers ermitteln zu können. Neue Informationen führen zu einer Neubewertung der Ertragschancen und damit zu einer Marktpreisänderung.

Fama (1998, S. 290) nennt als Beispiele für derartige Informationen, die bereits empirisch untersucht wurden, sogenannte Events wie Erstemissionen von Aktien (IPOs), Aktienemissionen durch bereits öffentlich gehandelte Gesellschaften (SEOs), Unternehmensfusionierungen, Beginn von Dividendenausschüttungen, Ausfall von Dividendenausschüttungen, Gewinnankündigungen, Börsenneuzulassungen, Aktienrückkäufe, Kämpfe um die Stimmen der Aktionäre (proxy fights), Aktiensplits und Unternehmensabspaltungen.[3]

Informationen über makroökonomische Entwicklungen, die geeignet sind, die Ertragschancen eines Unternehmens zu beeinflussen, sollten ebenfalls in eine rationale Bewertung einfließen. Dazu können beispielsweise Veränderungen von Technologien oder Konsumentenpräferenzen zählen (Fama 1991, S. 1610).

Da die Unterscheidung unterschiedlicher Arten von Informationen im weiteren Verlauf des Buches noch eine Rolle spielen wird, werden die Informationen, welche dazu verwendet werden, die zukünftigen Ertragschancen eines Unternehmens zu bestimmen, im Einklang mit der finanzwirtschaftlichen Literatur als „fundamentale" Informationen bezeichnet. Damit sind die fundamentalen Informationen von Informationen, wie sie beispielsweise in Feedback Prozessen auftreten, abgegrenzt. Derartige Informationen sind „volkstümliche Erklärungen" für die Preisentwicklungen von Wertpapieren (das heißt Erklärungen ohne Rückgriff auf Fundamentaldaten), die durch Mundpropaganda und Gerüchte verbreitet werden und die Erwartungen bezüglich weiterer Preisänderungen schüren (Shiller 2003, S. 91).

---

[3]Bei der Beschreibung der Hypothese selbst wird der Informationsbegriff nicht näher erläutert. Fama (1991, S. 1576–1610) beschreibt jedoch unterschiedliche Möglichkeiten, wie die Effizienzmarkthypothese empirisch untersucht werden kann. Dies kann einerseits erfolgen indem untersucht wird, ob Informationen, die auf effizienten Märkten keinen Einfluss auf die Marktpreisbewertung haben sollten, dennoch in der Lage sind, Marktpreisentwicklungen (zukünftige Erträge, die bei rationaler Bewertung den Marktpreis bestimmen) vorherzusagen. Dazu zählen beispielsweise Informationen über Erträge in der Vergangenheit und Insider Informationen. Anderseits kann der Einfluss von neuen Ereignissen, die bei rationaler Bewertung einen Einfluss auf den Marktpreis haben sollten, dazu herangezogen werden, um die tatsächlichen Marktpreisänderungen und die Geschwindigkeit, mit der diese erfolgen, zu untersuchen.

Wenn sich die Marktteilnehmer in dieser Weise an der Marktmeinung orientieren, das heißt sich Meinungen über die Meinungen der anderen Marktteilnehmer bilden, bedeutet dies eine Abkehr von fundamentaler Bewertung. Orléan (2005, S. 21–23) spricht in diesem Zusammenhang von selbstreferenziellen Prozessen, da der Marktpreis nicht von objektiven Werten oder Instanzen außerhalb des Marktes bestimmt wird, sondern nur durch den Markt selbst.

Der funktionale Nutzen der Effizienzmarkthypothese ist direkt aus der Hypothese ablesbar: die Effizienzmarkthypothese liefert eine Erklärung für die Entwicklung der Marktpreise. Die wesentliche Vorhersage der Effizienzmarkthypothese, die sich aus der Effizienz ableiten lässt – die Unprognostizierbarkeit von Kursentwicklungen – wurde als Ergebnis empirischer Studien zu Preisentwicklungen bereits vor der theoretischen Ausarbeitung der Effizienzmarkthypothese diskutiert. Fama (1970, S. 391) fasst diese Studien als „Random-Walk-Literatur" zusammen und weist darauf hin, dass diese Ergebnisse auch als Tests von generelleren Modellen des erwarteten Ertrags sowie von „Fair Game"-Modellen (der erwartete Ertrag von Spekulation ist Null) aufgefasst werden können.

Seit der Entdeckung einer Vielzahl von „Anomalien" (vorhersagbaren Mustern) und Preisblasen wie der Internetpreisblase in den späten 1990er Jahren verlagert sich die Argumentation in die Richtung, dass die Kursentwicklungen zumindest so weit unprognostizierbar sind, dass sie nicht systematisch ausgebeutet werden können. Ein Beleg dafür wird in Studienergebnissen gesehen, dass professionelle Investoren im Durchschnitt keine besseren Renditen erzielen können als der Markt (Malkiel 2003).

Die Tab. 4.1 gibt einen Überblick über die Grundzüge der Effizienzmarkthypothese aus instrumentalistischer Betrachtungsweise.

Es ist ersichtlich, dass die wesentliche Vorhersage der Effizienzmarkthypothese inkonsistent mit dem instrumentalistischen Prinzip ist, dass ein instrumentalistisches Modell Vorhersagen liefern sollte, die Problemlösungen im Sinne des intendierten Modellzwecks sind. Denn die Vorhersage der Effizienzmarkthypothese ist die Vorhersage, dass man nicht vorhersagen kann. Eine solche paradoxe Vorhersage bringt jedoch aus instrumentalistischer Sicht keinen Nutzen.

Wenn man auf die Beispiele von Friedman (1953) zurückgreift, lässt sich diese Überlegung folgendermaßen illustrieren: Konkrete Vorhersagen über Fallzeiten eines Gegenstandes in der Erdatmosphäre oder Spielzüge eines professionellen Billardspielers entsprechen instrumentalistischen Modellen. Die Vorhersagen erfüllen einen funktionalen (praktischen) Nutzen (siehe Tab. 4.2). Im Gegensatz dazu können Aussagen über Variablen, welche die Fallzeiten oder das Verhalten des professionellen Billardspielers nicht beeinflussen, zwar theoretisch wahr sein, entsprechen aber nicht dem Sinn instrumentalistischer Modellbildung (siehe Tab. 4.3). Denn das Wahrheitsproblem wird bei instrumentalistischen Modellen bewusst vermieden, indem der Wahrheitsanspruch durch das Konzept von funktionalem Nutzen oder Viabilität ersetzt wird.

Der funktionale Nutzen der Effizienzmarkthypothese lässt sich auch mit dem in Abschn. 4.1 erläuterten Begriff der Viabilität untersuchen. Ein Marktteilnehmer, der

Tab. 4.1 Die Effizienzmarkthypothese als instrumentalistisches Modell

Annahmen	Hypothese	Funktionaler Nutzen	Vorhersagen
Keine Transaktionskosten. Keine Informationskosten. Marktteilnehmer sind sich einig über Bedeutung der Informationen für Preise.	Die Wertpapierpreise spiegeln die verfügbaren (fundamentalen) Informationen vollständig wider.	Die Erklärung der Entwicklung von Marktpreisen.	Marktpreise können anhand der vorhandenen (fundamentalen) Informationen (Vergangenheitsdaten) nicht prognostiziert werden.

Tab. 4.2 Beispiele instrumentalistischer Modelle von Friedman

Annahmen	Hypothese	Funktionaler Nutzen	Vorhersagen
Vakuum	$S = {}^1\!/_2\, gt^2$	Die Bestimmung der Fallzeiten unter Bedingungen der Erdatmosphäre.	Die Fallzeiten lassen sich für die Erdatmosphäre approximativ nach der Formel $S = {}^1\!/_2\, gt^2$ bestimmen.
Das Verhalten eines professionellen Billardspielers lässt sich mit Hilfe von mathematischen Formeln beschreiben.	Die entsprechenden mathematischen Formeln für die jeweilige Spielsituation.	Die Einschätzung des Verhaltens des professionellen Billardspielers in der jeweiligen Spielsituation.	Der professionelle Billardspieler wählt in der Spielsituation X das Verhalten Y.

Tab. 4.3 Beispiele von Vorhersagen ohne funktionalen Wert

Annahmen	Hypothese	Funktionaler Nutzen	Vorhersagen
Vakuum	$S = {}^1\!/_2\, gt^2$	Die Bestimmung der Fallzeiten unter Bedingungen der Erdatmosphäre.	Die Fallzeiten in der Erdatmosphäre können mithilfe der Farbe des fallenden Gegenstandes nicht vorhergesagt werden.
Das Verhalten eines professionellen Billardspielers lässt sich mit Hilfe von mathematischen Formeln beschreiben.	Die entsprechenden mathematischen Formeln für die jeweilige Spielsituation.	Die Einschätzung des Verhaltens des professionellen Billardspielers in der jeweiligen Spielsituation.	Die verbalen Äußerungen des professionellen Billardspielers lassen keine Vorhersage für das Verhalten in Spielsituation X zu.

sich ein viables Erklärungsmodell von seiner Umwelt aufgebaut hat, sollte mit weniger Problemen und Hindernissen konfrontiert sein, als ein Marktteilnehmer, der über kein Erklärungsmodell verfügt. Wenn ein Marktteilnehmer in diesem Sinne eine Vorstellung vom Markt als einem effizienten Markt hat, der aus rationalen Marktteilnehmern besteht, gibt ihm diese Einsicht keine Orientierungsfunktion; er kann keine Voraussagen treffen – das Gleiche trifft für einen Marktteilnehmer zu, der über kein Erklärungsmodell für den Markt verfügt.

In beiden Fällen wäre die logische Konsequenz für einen Instrumentalisten, nach einer Alternativhypothese zu suchen, die neben der Unprognostizierbarkeit des Marktpreises aus (fundamentalen) Vergangenheitsdaten zusätzlichen Erklärungswert bietet. Ein solcher zusätzlicher funktionaler Nutzen könnte beispielsweise erzeugt werden, indem die sogenannten „Anomalien" erklärt werden oder klargestellt wird, welche Art von Informationen benötigt wird, um Marktentwicklungen prognostizieren zu können. Die wesentliche Schwierigkeit bei der Formulierung eines solchen Alternativmodells besteht wohl darin, wie mit den Variablen, auf denen die Effizienzmarkthypothese beruht, unter Verzicht auf das Effizienzkonstrukt eine systematische Erklärung gefunden werden kann, welche die Fälle von Unprognostizierbarkeit des Marktes auf Basis fundamentaler Informationen inkludiert. Ein Beispiel für eine solche alternative Sichtweise des Marktes wird im nächsten Abschnitt anhand des Konzepts der trivialen und der nichttrivialen Maschine von Heinz von Foerster (2000) beschrieben.

4.3   Ein Marktmodell auf Basis von Heinz von Foersters Überlegungen zur nichttrivialen Maschine

Die Hypothese, dass die Marktpreise alle Informationen widerspiegeln in Zusammenhang mit den empirischen Untersuchungen zur Effizienzmarkthypothese, die beispielsweise die Auswirkungen von (Informations-)Events auf die Marktpreise untersuchen (siehe Abschn. 4.2), legen nahe, dass die Effizienzmarkthypothese als Stimulus-Response-Modell für den Gesamtmarkt gedacht werden kann. In den verschiedenen empirischen Tests der Effizienzmarkthypothese wie Fama (1991, S. 1576–1577) sie beschreibt, werden Überlegungen zu Interaktionen der Marktteilnehmer am Markt über Angebot und Nachfrage ausgeklammert[4].

> (Neue) Informationen   →   Marktpreis(änderungen)
>
> Stimulus   →   Response

---

[4]Wie bereits in Kap. 2 dargestellt, klammert die Effizienzmarkthypothese ebenfalls die individuellen Prozesse der Informationsverarbeitung durch die Marktteilnehmer aus. Denn aus dem Effizienzpostulat folgt, dass die individuellen Prozesse der Informationsverarbeitung nicht beachtet werden müssen.

Dies mag ein Grund dafür sein, dass ein Modell wie die nichttriviale Maschine, die zur Zeit der kognitiven Wende in der Psychologie entwickelt wurde, als konkurrierendes Erklärungsmodell geeignet erscheint[5]. Neben der ähnlichen Problemkonstellation sind jedoch vor allem die spezifischen Modellvorhersagen, die Unprognostizierbarkeit bei reiner Stimulus/Response-Betrachtung ergeben sowie die Modellhypothesen, die neben der regelgeleiteten Verarbeitung des Inputs (der Information) auch eine Veränderung des inneren Zustands des Gesamtsystems (die Veränderung von Verarbeitungsregeln, zum Beispiel durch Lernen) aufgrund des Inputs (der Information) postulieren, für die Anwendung als Marktmodell interessant. Im Abschn. 4.3.1 wird daher zunächst das Modell von Heinz von Foerster dargestellt; im Abschn. 4.3.2 wird es mit den Begrifflichkeiten der Effizienzmarkthypothese und der Behavioral Finance zu einem Marktmodell umformuliert und als instrumentalistische „Alternativhypothese" der Effizienzmarkthypothese gegenübergestellt.

4.3.1 Triviale und nicht triviale Maschinen

Triviale Maschinen verbinden in unveränderlicher Weise Input (x) und Output (y) durch ihre Operationen (Op) miteinander.

$$Op(x) \rightarrow y$$

Foerster (2000, S. 60–62) nennt als Beispiel eine Maschine mit vier Inputs (x) und vier Outputs (y), die einander eindeutig zugeordnet sind und sich in Form von Tab. 4.4 darstellen lassen. Die triviale Maschine ist voraussagbar; selbst wenn man ihre Gesetzmäßigkeiten nicht kennt, kann man sie durch die Beobachtung von Input und Output feststellen.

Bei nicht-trivialen Maschinen beeinflussen die Inputs (x) nicht nur die Outputs (y), sondern auch den inneren Zustand der Maschine (z). Eine Veränderung des inneren Zustands (z) führt zu einer Veränderung der Transformationsregeln, das heißt bei unterschiedlichem inneren Zustand kann beispielsweise der gleiche Input zu unterschiedlichem Output führen. Es gibt somit eine zustandsabhängige Wirkungsfunktion.

$$Opz(x) \rightarrow y$$

und außerdem eine Zustandsfunktion, die den jeweiligen Zustand z entsprechend des Inputs x in den nächsten Zustand z´ verändert (Foerster 2000, S. 62–64).

$$Opx(z) \rightarrow z\prime$$

Foerster (2000, S. 62–64) wählt zur Illustration ein Beispiel mit zwei inneren Zuständen (I und II). Dies wird in Tab. 4.5 dargestellt.

---

[5]Die kognitive Wende entstand als Reaktion auf den Behaviorismus und klammerte kognitive Prozesse nicht mehr aus wissenschaftlichen Erklärungsmodellen aus (Miller 2003, S. 141–143).

Tab. 4.4 Input-Output-Relation einer trivialen Maschine. (Foerster 2000, S. 60–62)	x	y
	A	1
	B	2
	C	3
	D	4

Tab. 4.5 Nicht-triviale Maschine mit zwei inneren Zuständen. (Foerster 2000, S. 62–64)	Im Zustand I			Im Zustand II		
	x	y	z′	x	y	z′
	A	1	I	A	4	I
	B	2	II	B	3	I
	C	3	I	C	2	II
	D	4	II	D	1	II

Tab. 4.6 Anzahl der möglich nicht-trivialen Maschinen abhängig von Input und Output

Anzahl der Inputs und Outputs	Anzahl der möglichen nicht-trivialen Maschinen
2	$2^{16} = 65.536$
4	10^{2466}
8	$10^{969685486}$

Die Tab. 4.5 ist so zu lesen, dass im Zustand I der Input A zum Output 1 führt und der Zustand I beibehalten wird, der Input B zum Output 2 führt und der Zustand auf Zustand II wechselt. Der Input B kann daher je nach innerem Zustand zum Output 2 oder zum Output 3 führen (Foerster 2000, S. 62–64).

Die Zustandsabhängigkeit der Transformationsregeln führt dazu, dass es mit zunehmender Anzahl der Inputs und Outputs immer schwieriger wird, aus der Beobachtung von Inputs und Outputs alleine auf die Anzahl der inneren Zustände und die damit verknüpften Transformationsregeln rückzuschließen. Wie die Tab. 4.6 zeigt, steigt die Anzahl der möglichen nicht-trivialen Maschinen mit Erhöhung der Anzahl der möglichen Inputs und Outputs stark an (Foerster 2000, S. 64–65). Eine Beschreibung der Berechnung findet sich bei Foerster (1970, S. 221–224).

Die Konsequenz aus diesen Überlegungen ist, dass nicht triviale Maschinen unprognostizierbar sind. Aus der Beobachtung vergangener Input-Output-Relationen kann nicht auf zukünftige Input-Output-Relationen geschlossen werden. Nur wenn die Regel bekannt ist, nach der eine nicht triviale Maschine ihren inneren Zustand und damit ihre Transformationsregeln ändert, kann sie entschlüsselt werden (Foerster und Pörksen 1999, S. 56).

4.3.2 Die Anwendung Heinz von Foersters Prinzipien auf das Marktmodell

Wie zu Beginn des Abschn. 4.3 erläutert, können in einem Marktmodell, das sich an der Effizienzmarkthypothese orientiert, die neuen Informationen, die am Markt eintreffen, als Input und die Marktpreisänderungen als Output verstanden werden. Die Informationsverarbeitungs- und bewertungsregeln der Marktteilnehmer entsprechen den Transformationsregeln und sind vom „inneren Zustand" der Marktteilnehmer abhängig. Dieser „innere Zustand" der Marktteilnehmer wird in das Modell eingeführt, um zur Erklärung der Unprognostizierbarkeit der Marktpreisänderungen anhand vergangener Informationen auf das Effizienzkonstrukt verzichten zu können.

Veränderungen des inneren Zustandes können beispielsweise kognitiv als Lerneffekte[6] interpretiert werden (das Eintreffen neuer Informationen führt nicht nur zur Neubewertung des Marktpreises sondern bedeutet für die Marktteilnehmer auch ein Feedback über die Angemessenheit ihrer Bewertungsregeln und veranlasst sie, ihre Bewertungsregeln zu adaptieren) oder bei einer affektiven Interpretation als stimmungsbeeinflussend[7] angesehen werden (das Eintreffen neuer Informationen führt nicht nur zur Neubewertung des Marktpreises sondern trägt auch zu Stimmungsänderungen der Marktteilnehmer bei, wodurch neue Informationsbewertungsregeln aktiviert werden).

Damit das Modell auf einem ähnlichen Komplexitätsgrad bleibt wie die Effizienzmarkthypothese, sollte ebenfalls die Fragestellung vermieden werden, wie die Aggregation unterschiedlicher Einzelbewertungen über Angebot und Nachfrage zu einem Marktpreis erfolgt. In der Effizienzmarkthypothese wird diese Fragestellung mithilfe des Effizienzkonstrukts vermieden, das heißt über die angenommene Dominanz rationaler Bewertung durch rationale Marktteilnehmer (siehe Kap. 2). Im darzustellenden Alternativmodell kann dies über die Annahme eines „repräsentativen Investors" erfolgen, dessen Informationsbewertungsregeln den Markt dominieren[8]. Somit lässt sich das Modell folgendermaßen darstellen:

(Neue) Informationen[9]→ (Repräsentativer) Marktteilnehmer → Marktpreis(änderungen).

Die beiden Hypothesen des Modells lassen sich in Anlehnung an Foersters Modell der nicht trivialen Maschine formulieren:

---

[6]Beispielsweise können die in Abschn. 2.3 zitierten Experimente zu Preisblasen als Hinweise darauf interpretiert werden, dass die Marktteilnehmer lernen: mit zunehmender Erfahrung im experimentellen Marktsetting verbessern die Marktteilnehmer ihre Performance.

[7]Für einen Überblick über die Auswirkungen der Stimmung auf das Investorenverhalten siehe zum Beispiel Shu (2010, S. 268–270).

[8]Da dieses Marktmodell als Alternativhypothese im Sinne des Instrumentalismus konzipiert ist, ist die Realitätsnähe der Annahme des repräsentativen Investors ebenso irrelevant wie die Realitätsnähe der Rationalitätsannahme der Effizienzmarkthypothese.

[9]Gemeint sind hier wiederum in Analogie zur Effizienzmarkthypothese „fundamentale" Informationen.

Hypothese 1: Neue Informationen führen entsprechend der Regeln, mit denen die Marktteilnehmer die Informationen bewerten, zu Marktpreisänderungen.

Hypothese 2: Neue Informationen führen zu einer Adaptierung der Regeln, mit denen Marktteilnehmer die Informationen bewerten.

Aus diesen beiden Hypothesen lassen sich die Vorhersagen des Modells ableiten:

Vorhersage 1: Bei gleichzeitiger Gültigkeit von Hypothese 1 und Hypothese 2 sind Marktentwicklungen auf Basis der Kenntnisse vergangener Informationen und Marktpreisänderungen nicht prognostizierbar.

Vorhersage 2: Bei gleichzeitiger Gültigkeit von Hypothese 1 und Hypothese 2 sind Prognosen von Marktentwicklungen nur auf Basis der Kenntnis der Gesetzmäßigkeiten möglich, nach denen die Marktteilnehmer ihre Bewertungsregeln von Informationen adaptieren.

Vorhersage 3: Wenn neue Informationen nicht zu einer Adaptierung der Regeln führen (Hypothese 2 ist ungültig – die Informationen werden unabhängig vom inneren Zustand der Marktteilnehmer bewertet), sind Marktentwicklungen auf Basis der Kenntnisse vergangener Informationen und Marktpreisänderungen prognostizierbar (der Markt verhält sich entsprechend der voraussagbaren Transformationsregeln einer trivialen Maschine).

Zur Illustration dieser Überlegungen wird in Analogie zum Beispiel von Foerster ein Beispiel mit nur zwei inneren Zuständen der Marktteilnehmer und vier Arten von Informationen dargestellt. Der innere Zustand der Marktteilnehmer wird als „Stimmung"[10] der Marktteilnehmer mit den beiden Ausprägungen „Optimismus" und „Pessimismus" bezeichnet.

Als erste Information werden Neuigkeiten über Unternehmenserträge gewählt. Mian und Sankaraguruswamy (2012, S. 1357) ermittelten in einer Studie, dass die Aktienkurse in Phasen von Optimismus[11] stärker auf positive Neuigkeiten über Unternehmenserträge reagierten als in Phasen von Pessimismus. Schlechte Neuigkeiten über Unternehmenserträge zeigten hingegen in Phasen von Pessimismus eine stärkere Wirkung auf die Aktienkurse als in Phasen von Optimismus. Für das Beispiel-Modell wird zusätzlich angenommen, dass positive Neuigkeiten über Unternehmenserträge zu Optimismus führen und negative Neuigkeiten über Unternehmenserträge zu Pessimismus[12].

---

[10]Die Auswirkungen der Investorenstimmung sind empirisch besser untersucht als das Lernverhalten von Investoren.

[11]Die englischsprachige Bezeichnung „High Sentiment", die einen positiven Wert im „Sentiment Index" bezeichnet, wird mit Optimismus übersetzt. Zur Messung der Investorenstimmung in der Studie siehe Mian und Sankaraguruswamy (2012, S. 1361–1362).

[12]Die genannte Studie untersucht die Auswirkung der Stimmung auf die Verarbeitung der Informationen, nicht aber die Auswirkung der Informationen auf die Stimmung. Die Kausalrichtung Stimmung → Informationsverarbeitung/Kognition scheint mehr Beachtung in der Forschung zu finden als die Kausalrichtung Informationsverarbeitung/Kognition → Stimmung. In psychologischen Emotionstheorien finden sich jedoch Überlegungen, dass den Emotionen kognitive Bewertungsprozesse zu Grunde liegen (Lazarus 1982, S. 1019–1024). In Analogie zu den Emotionstheorien wird für das Beispiel Modell angenommen, dass positive Einschätzungen im Rahmen von kognitiven Prozessen des sich mit seiner Umwelt auseinandersetzenden Individuums zu positiven Stimmungen führen, während negative Einschätzungen zu negativen Stimmungen führen.

Als zweite Information werden Neuigkeiten über Änderungen von Dividendenausschüttungen herangezogen. Vieira (2011, S. 1213) konnte in einer Studie auf drei europäischen Märkten (Portugal, Großbritannien, Frankreich) Auswirkungen der Investorenstimmung auf die Kursveränderungen nachweisen, die bei Ankündigungen von Änderungen bei der unternehmensspezifischen Dividendenausschüttung auftraten. Für den britischen Markt konnte nachgewiesen werden, dass eine Dividendenerhöhung bei zunehmendem Optimismus[13] zu stärkeren Kurssteigerungen führte. Eine Dividendensenkung führte im französischen Markt bei zunehmendem Optimismus zu geringeren Kursverlusten. Für das Beispiel-Modell wird zusätzlich angenommen, dass Neuigkeiten über Dividendenerhöhungen zu Optimismus führen und Neuigkeiten über Dividendensenkungen zu Pessimismus.

Als dritte Information wird eine makroökonomische Information über Änderungen in der Geldpolitik betrachtet. Kurov (2010, S. 146) untersuchte in einer Studie die Auswirkungen unerwarteter Änderungen bei der Leitzinsfestsetzung durch die US-Notenbank[14]. In „Bullenmärkten", das heißt in optimistischen Märkten, ließ die unternehmensspezifische Sensitivität der Aktienkurse auf Änderungen in der Investorenstimmung[15] keine signifikanten Rückschlüsse über die Auswirkungen von Änderungen des Leitzinses auf Änderungen des Aktienkurses zu. Dieses Ergebnis ist laut Kurov konsistent mit der These, dass unerwartete Änderungen in der Geldpolitik in guten Zeiten kaum eine Auswirkung auf die Aktienkurse haben.

Für Bärenmärkte, das heißt für pessimistische Märkte, unterstützten die Ergebnisse der Studie hingegen die These, dass die Geldpolitik die Aktienkurse beeinflusst (Kurov 2010, S. 147). Die Stimmung der Investoren wird in Bullenmärkten durch unerwartete Änderungen bei der Leitzinsfestsetzung kaum beeinflusst; im Gegensatz dazu wird die Stimmung der Investoren in Bärenmärkten durch unerwartete Änderungen bei der Leitzinsfestsetzung stark beeinflusst (Kurov 2010, S. 144).

Als vierte Information wird der sogenannte Jänner Effekt in das Beispiel-Modell einbezogen. Der Jänner Effekt besagt, dass die Aktienkurse einiger Unternehmen am U.S. Markt im Jänner regelmäßig Kurssteigerungen erfahren. Für diesen Effekt gibt es eine Vielzahl von Erklärungsversuchen. In einer Studie, welche die unterschiedlichen Erklärungsansätze miteinander verglich, kamen Chen und Singal (2004, S. 351–352) zu dem Schluss, dass die aussagekräftigste Erklärung mit der Generierung von Steuerersparnissen zusammen hängt: Aktien, die in der Vorperiode verkauft werden um Verluste zu realisieren und damit Steuern zu sparen, werden im Jänner wieder zugekauft.

Es gibt auch eine neuere Erklärung des Jänner Effekts mithilfe der Investorenstimmung: Ciccone (2011, S. 158) stellte fest, dass im Jänner der Optimismus relativ zu den

---

[13]Ein zunehmender Wert bei der Investorenstimmung wird wiederum mit Optimismus übersetzt. Für die Erläuterung der verwendeten Messmethode für die Investorenstimmung siehe Vieira (Vieira 2011, S. 1215).

[14]Zur Berechnung des unerwarteten Anteils bei Änderungen der Leitzinsfestsetzung siehe Kurov (2010, S. 140).

[15]Kurov (2010, S. 140–141) verwendet zwei unterschiedliche Messmethoden für die Investorenstimmung.

Tab. 4.7 Stimmungsabhängige Bewertung von Informationen

Im Zustand Optimismus			Im Zustand Pessimismus		
Information	Änderung Aktienkurs	Neue Stimmung	Information	Änderung Aktienkurs	Neue Stimmung
Positive Neuigkeiten Unternehmenserträge	Stark positiv	Optimismus	Positive Neuigkeiten Unternehmenserträge	Leicht positiv	Optimismus
Negative Neuigkeiten Unternehmenserträge	Leicht negativ	Pessimismus	Negative Neuigkeiten Unternehmenserträge	Stark negativ	Pessimismus
Erhöhung von Dividenden	Stark positiv	Optimismus	Erhöhung von Dividenden	Leicht positiv	Optimismus
Senkung von Dividenden	Leicht negativ	Pessimismus	Senkung von Dividenden	Stark negativ	Pessimismus
Erhöhung Leitzins	Keine	Optimismus	Erhöhung Leitzins	Stark negativ	Pessimismus
Senkung Leitzins	Keine	Optimismus	Senkung Leitzins	Stark positiv	Optimismus
Neues Jahr	Stark positiv	Optimismus	Neues Jahr	Stark positiv	Optimismus

anderen Monaten am höchsten ist und schließt daraus, dass sich der Jänner Effekt zumindest teilweise durch optimistische Erwartungen erklären lässt. Für das Beispiel-Modell ist festzuhalten, dass der Kurssteigerungseffekt regelmäßig im Jänner (das heißt sowohl in Jahren von Optimismus als auch in Jahren von Pessimismus) auftritt und dass sich die Investorenstimmung in Richtung Optimismus verbessert.

In der Tab. 4.7 sind die Auswirkungen der exemplarischen Informationen auf den Aktienkurs und die Stimmungslage zusammenfassend dargestellt. Analog zu den in Abschn. 4.3.1 geschilderten Erläuterungen von Foerster lässt sich schlussfolgern, dass die Stimmungsabhängigkeit der Bewertungsregeln in Kombination mit den Stimmungsänderungen, welche die Informationen hervorrufen, zu Unprognostizierbarkeit der Aktienkurse auf Basis der Informationslage alleine führt (siehe Vorhersage 1). So lässt beispielsweise die Information „Erhöhung von Dividenden" keine Prognose der Höhe der Aktienkursänderung zu. Eine solche Prognose wäre nur dann möglich, wenn der Stimmungszustand (Optimismus/Pessimismus) und die mit dem jeweiligen Stimmungszustand verknüpften Regeln der Informationsbewertung der Investoren bekannt sind (siehe Vorhersage 2)[16].

---

[16]An dieser Stelle soll darauf hingewiesen werden, dass die Stimmungslage im Beispiel Modell aus Gründen der besseren Darstellbarkeit stark vereinfacht als dichotome Variable ausgewiesen wird, während sie in den zitierten Studien zur Investorenstimmung als stetige Variable konzipiert ist.

Tab. 4.8 Vergleich der Effizienzmarkthypothese mit dem Marktmodell basierend auf Foerster in Bezug auf instrumentalistische Kriterien

	Effizienzmarkthypothese	Marktmodell basierend auf Foerster
Annahmen	Keine Transaktionskosten. Keine Informationskosten. Marktteilnehmer sind sich einig über Bedeutung der Informationen für Preise.	Die Bewertungsregeln eines repräsentativen Investors bestimmen den Markt.
Hypothese(n)	Die Wertpapierpreise spiegeln die verfügbaren (fundamentalen) Informationen vollständig wider.	Neue Informationen führen entsprechend der Regeln, mit denen die Marktteilnehmer die Informationen bewerten, zu Marktpreisänderungen. Neue Informationen führen zu einer Adaptierung der Regeln, mit denen Marktteilnehmer die Informationen bewerten.
Funktionaler Nutzen	Die Erklärung der Entwicklung von Marktpreisen.	
Vorhersagen	Marktpreise können anhand der vorhandenen Informationen (Vergangenheitsdaten) nicht prognostiziert werden.	Bei gleichzeitiger Gültigkeit von Hypothese 1 und Hypothese 2 sind Marktentwicklungen auf Basis der Kenntnisse vergangener Informationen und Marktpreisänderungen nicht prognostizierbar. Bei gleichzeitiger Gültigkeit von Hypothese 1 und Hypothese 2 sind Prognosen von Marktentwicklungen nur auf Basis der Kenntnis der Gesetzmäßigkeiten möglich, nach denen die Marktteilnehmer ihre Bewertungsregeln von Informationen adaptieren. Wenn neue Informationen nicht zu einer Adaptierung der Regeln führen sind Marktentwicklungen auf Basis der Kenntnisse vergangener Informationen prognostizierbar.

Die aus den empirischen Studien zusammengefassten Ergebnisse zu den ersten drei Informationsarten könnten als Beleg für die Effizienzmarkthypothese interpretiert werden, wenn nur die Richtung, nicht aber das Ausmaß der Aktienkursänderungen betrachtet wird. Die Ergebnisse zeigen, dass die von den Investoren verwendeten Bewertungsregeln zwar ökonomische Überlegungen beinhalten, keinesfalls aber die Informationen vollständig und korrekt einpreisen, wie das von der Effizienzmarkthypothese postuliert wird. Die Unprognostizierbarkeit der Aktienmärkte ist daher kein Resultat der Effizienz der

Informationsbewertung, sondern der permanenten Adaptierung der von den Marktteilnehmern verwendeten Informationsbewertungsregeln. Die sogenannte Jänner Anomalie
widerspricht zwar der Effizienzmarkthypothese, nicht aber dem in Anlehnung an Foerster konzipierten Marktmodell. Sie ergibt sich in diesem Modell aus der Beibehaltung
von Bewertungsregeln (die Bewertungsregeln sind unabhängig vom inneren Zustand der
Marktteilnehmer, weil beispielsweise aufgrund steuerlicher Überlegungen ohne nähere
Einschätzung der Marktsituation gekauft wird).

In der abschließenden „instrumentalistischen" Gegenüberstellung der beiden Modelle
in Tab. 4.8 ist ersichtlich, dass das Marktmodell nach Foerster im Vergleich zur Effizienzmarkthypothese eine Hypothese mehr benötigt. In Hinblick auf den intendierten
funktionalen Nutzen, die Erklärung von Marktentwicklungen, liefert das Marktmodell
nach Foerster jedoch differenziertere Vorhersagen: Die Unprognostizierbarkeit von
Kursentwicklungen anhand von fundamentalen Informationen stimmt mit der Effizienzmarkthypothese überein; Prognostizierbarkeit ist jedoch bei Kenntnis der Regeln, nach
denen Marktteilnehmer ihre Informationsbewertungsregeln oder -heuristiken adaptieren,
prinzipiell möglich[17]. Prognostizierbarkeit ist ebenfalls möglich, wenn die Marktteilnehmer auf die Adaptierung von Informationsbewertungsregeln oder -heuristiken verzichten.

4.4   Zusammenfassung und Erkenntnisse für die Modellbildung

Da die Effizienzmarkthypothese im Sinne eines Wissenschaftsverständnisses wie beispielsweise Poppers kritischem Rationalismus als falsifiziert gelten müsste, wurden für
die Beibehaltung der Effizienzmarkthypothese instrumentalistische Argumente im Sinne
Friedmans angeführt: Die Überprüfung der Vorhersagen, nicht der Annahmen, soll über
die Gültigkeit der Effizienzmarkthypothese entscheiden. Zudem soll die Effizienzmarkthypothese erst dann verworfen werden, wenn eine Alternativhypothese verfügbar ist, die
besser mit den Daten übereinstimmt.

Bei dieser Argumentation wird außer Acht gelassen, dass Friedman die Verwendung
von Annahmen, die durch die Realität widerlegt wurden, in instrumentalistischen Modellen mit der Notwendigkeit zur Abstraktion und Simplifikation rechtfertigt, während die
Annahme des rationalen Investors, der das Problem der Induktion „gelöst" hat, keine
Verallgemeinerung, sondern eine Unmöglichkeit darstellt.

Darüber hinaus klammert die instrumentalistische Rechtfertigungsargumentation
für die Effizienzmarkthypothese den Zweck instrumentalistischer Hypothesenbildung aus: Mithilfe instrumentalistischer Hypothesen werden Vorhersagen generiert, die
einen funktionalen Wert besitzen. Die Vorhersage, dass Marktentwicklungen auf Basis

---

[17]Dies hängt unter anderem davon ab, ob es gelingt, mit der Vielfalt der möglichen Regeln umzu-
gehen. Auf dieses Problem wird in Kap. 6 in Zusammenhang mit agentenbasierten Marktmodellen
eingegangen.

fundamentaler Informationen nicht prognostizierbar sind, ist jedoch eine Vorhersage ohne adaptiven Wert für Marktteilnehmer, die ihr Verhalten an die Entwicklungen des Marktes anpassen wollen. Für instrumentalistisch orientierte Wissenschaftler ist die Vorhersage, dass man nicht vorhersagen kann, ebenfalls ohne Nutzen. Eine solche Vorhersage wäre nur für Wissenschaftler von Bedeutung, deren Erkenntnisinteresse auf „Wahrheit" oder „Annäherung an die Wahrheit" gerichtet ist. Diese Wissenschaftler müssten die Effizienzmarkthypothese jedoch aus den in Kap. 3 genannten Gründen falsifizieren.

Der Nutzen des Effizienz Konstruktes der Effizienzmarkthypothese für die wissenschaftliche Modellbildung sollte jedoch nicht übersehen werden. Zum einen erklärt es die Unprognostizierbarkeit von Märkten auf Basis fundamentaler Vergangenheitsdaten, zum anderen reduziert es die Komplexität bei der Modellbildung: Indem indirekt die Dominanz ökonomischer (rationaler) Bewertungsmodelle postuliert wurde (über die Aussage, dass alle verfügbaren Informationen in den Preisen enthalten sind), konnte die Frage umgangen werden, wie die Aggregation der unterschiedlichen Strategien der Marktteilnehmer zu einem Marktergebnis in einem Modell abgebildet werden kann. Zudem wurden die verfügbaren Informationen auf fundamentale Informationen beschränkt, wodurch beispielsweise komplexe Marktdynamiken durch Feedback Prozesse (bei denen nicht fundamentale Informationen wie Meinungen anderer Personen von Bedeutung sind) von der Betrachtung ausgeschlossen sind.

Wird das Effizienz Konstrukt verworfen, sind daher folgende Fragestellungen bei der Modellbildung zu lösen:

- Wie kann die Unprognostizierbarkeit der Marktentwicklung auf Basis von fundamentalen Vergangenheitsdaten erklärt werden?
- Wie weit soll der Informationsbegriff für das Modell gefasst werden?
- Wie können die individuellen Bewertungsstrategien (abhängig vom Informationsbegriff) beschrieben werden?
- Wie wird die Aggregation der individuellen Bewertungsstrategien zu einem Marktergebnis im Modell vorgenommen?

Das Beispiel-Modell, das in Anlehnung an die Überlegungen von Foerster zur nicht trivialen Maschine konzipiert wurde, hat gezeigt, dass die Unprognostizierbarkeit von Märkten auch dadurch erklärt werden kann, dass Marktteilnehmer nicht anhand von unveränderlichen ökonomischen Bewertungsregeln agieren – das bedeutet Marktteilnehmer ändern ihre Bewertungsregeln der einlangenden Informationen im Lauf der Zeit (zum Beispiel aufgrund ihrer Stimmung oder aufgrund von Lerneffekten). Zudem wird durch diese Sichtweise verständlich, unter welchen Bedingungen Marktentwicklungen mithilfe fundamentaler Daten prognostizierbar werden – die sogenannten Anomalien entstehen, wenn die Marktteilnehmer (temporär) ihre Bewertungsregeln nicht ändern. Für ein Marktmodell, das auf das Effizienzkonstrukt verzichtet, sollte daher eine Möglichkeit gefunden werden, wie der Wechsel von Bewertungsstrategien durch die Marktteilnehmer berücksichtigt werden kann.

Zur Bearbeitung der weiteren Fragestellungen wird im folgenden Kapitel untersucht, auf welche Weise in der Behavioral-Finance-Forschung individuelle Strategien von Marktteilnehmern modelliert werden und ob das Problem der Aggregation mit Hilfe von Methoden der Behavioral Finance gelöst werden kann.

Literatur

Boland, L. A. (n. d.). A critique of Friedman's critics. http://www.sfu.ca/~boland/Friedman79.PDF. Zugegriffen: 24. Jan. 2013.

Boland, L. A. (2003). *The foundations of economic method (Routledge INEM advances in economic methodology* (2. Aufl.). London: Routledge.

Chen, H., & Singal, V. (2004). All things considered, taxes drive the january effect. *Journal of Financial Research, 27*(3), 351–372.

Ciccone, S. J. (2011). Investor optimism, false hopes and the january effect. *Journal of Behavioral Finance, 12*(3), 158–168.

Fama, E. F. (1970). Efficient capital markets: A review of theory and empirical work. *Journal of Finance, 25*(2), 383–417.

Fama, E. F. (1991). Efficient capital markets: 2. *Journal of Finance, 46*(5), 1575–1617.

Fama, E. F. (1998). Market efficiency, long-term returns, and behavioral finance. *Journal of Financial Economics, 49*(3), 283–306.

Foerster, H. v. (1970). Molecular ethology. An immodest proposal for semantic clarification. In G. Ungar (Hrsg.), *Molecular mechanisms in memory and learning* (S. 213–248). New York: Plenum Press.

Foerster, H. v. (2000). Entdecken oder Erfinden. Wie läßt sich Verstehen verstehen? In H. v. Foerster, E. v. Glaserfeld, P. M. Hejl, S. J. Schmidt, & P. Watzlawick (Hrsg.), *Einführung in den Konstruktivismus* (5. Aufl., S. 41–88). München: Piper.

Foerster, H. v., Glaserfeld, E. v., Hejl, P. M., Schmidt, S. J., & Watzlawick, P. (Hrsg.). (2000). *Einführung in den Konstruktivismus* (5. Aufl.). München: Piper.

Foerster, H. v., & Pörksen, B. (1999). *„Wahrheit ist die Erfindung eines Lügners". Gespräche für Skeptiker* (3. Aufl.). Heidelberg: Carl-Auer-Systeme.

Friedman, M. (1953). The methodology of positive economics. In M. Friedman (Hrsg.), *Essays in positive economics* (S. 3–43). Chicago: The University of Chicago Press.

Glasersfeld, E. von. (1996). *Radikaler Konstruktivismus. Ideen, Ergebnisse, Probleme* (1. Aufl.). Frankfurt a. M.: Suhrkamp.

Glasersfeld, E. von. (2000). Konstruktion der Wirklichkeit und des Begriffs der Objektivität. In H. v. Foerster, E. v. Glaserfeld, P. M. Hejl, S. J. Schmidt, & P. Watzlawick (Hrsg.), *Einführung in den Konstruktivismus* (5. Aufl., S. 9–39). München: Piper.

Glasersfeld, E. von. (2001). The radical constructivist view of science. *Foundations of Science, 6*(1/3), 31–43.

Kurov, A. (2010). Investor sentiment and the stock market's reaction to monetary policy. *Journal of Banking & Finance, 34*(1), 139–149.

Lazarus, R. S. (1982). Thoughts on the relations between emotion and cognition. *American Psychologist, 37*(9), 1019–1024.

Mian, G. M., & Sankaraguruswamy, S. (2012). Investor sentiment and stock market response to earnings news. *Accounting Review, 87*(4), 1357–1384.

Miller, G. A. (2003). The cognitive revolution: A historical perspective. *Trends in Cognitive Sciences, 7*(3), 141–144.

Orléan, A. (n. d.). Knowledge in finance: Objective value versus convention. http://www.paris-schoolofeconomics.com/orlean-andre/depot/publi/knowledge0606.pdf. Zugegriffen: 25. Okt. 2015.

Orléan, A. (2005). The self-referential hypothesis in finance. http://www.parisschoolofeconomics. com/orlean-andre/depot/publi/CHA2005tSELF.pdf. Zugegriffen: 25. Okt. 2015.

Malkiel, B. G. (2003). The efficient market hypothesis and its critics. *Journal of Economic Perspectives, 17*(1), 59–82.

Popper, K. (1995). Das Problem der Induktion. In D. Miller (Hrsg.), *Karl Popper Lesebuch. Ausgewählte Texte zu Erkenntnistheorie, Philosophie der Naturwissenschaften, Metaphysik, Sozialphilosophie* (UTB für Wissenschaft: Uni-Taschenbücher, Bd. 2000, S. 85–102). Tübingen: Mohr.

Shiller, R. J. (2003). From efficient markets theory to behavioral finance. *Journal of Economic Perspectives, 17*(1), 83–104.

Shu, H.-C. (2010). Investor mood and financial markets. *Journal of Economic Behavior & Organization, 76*(2), 267–282.

Vieira, E. S. (2011). Investor sentiment and the market reaction to dividend news. *European evidence. Managerial Finance, 37*(12), 1213–1245.

Individuelles Investorenverhalten und Marktmodellierung in der Behavioral-Finance-Forschung

Zusammenfassung

Die Behavioral-Finance-Forschung legt ihren Schwerpunkt auf die Erforschung des individuellen Investorenverhaltens. Die dabei entdeckten Effekte lassen sich jedoch nur schwer zu Modellen des Marktverhaltens aggregieren. Deshalb beruhen behaviorale Marktmodelle häufig auf vereinfachenden Annahmen wie dem repräsentativen Investor oder systematischen Abweichungen von einem rationalen Standard. Dadurch ist die Behavioral-Finance-Forschung methodisch und begrifflich an die Effizienzmarkthypothese gekoppelt; die Probleme des kritisierten Rationalitätsbegriffs fließen in die Modellbildung mit ein und beschränken den Anwendungsbereich von Behavioral-Finance-Modellen. Das Investor-Sentiment-Modell von Baker und Wurgler wählt einen anderen Zugang: Das Aggregationsproblem wird vermieden, indem das Marktverhalten ohne Rückgriff auf individuelle Verhaltensweisen analysiert wird. Dies führt zu Interpretationsproblemen der vorliegenden Daten.

Die Behavioral-Finance-Forschung geht grundsätzlich davon aus, dass es notwendig ist, individuelles Investorenverhalten zu verstehen um Aussagen über Marktpreise und Marktpreisentwicklungen treffen zu können (Thaler 2005, S. xi). Im Zuge dieses Forschungsverständnisses wurde in den letzten Jahrzehnten eine Vielzahl unterschiedlicher psychologischer Effekte gefunden, die einander teilweise widersprechen. Für nahezu jede Entwicklung am Markt kann ein Effekt gefunden werden, der diese Entwicklung im Nachhinein erklärt (Frankfurter und McGoun 2002, S. 380).

Für das systematische Verständnis von Marktentwicklungen ist eine Auflistung dieser Effekte alleine daher nicht zielführend und wegen dem großen Umfang der Behavioral-Finance-Literatur auch nicht möglich. Für dieses Buch wird daher eine andere Vorgehensweise gewählt. Passend zu den am Ende des vorhergehenden Kapitels aufgeworfenen Fragen werden beispielhaft zwei Bereiche aus der Behavioral-Finance-Forschung

© Springer Fachmedien Wiesbaden 2016

G. Janous, *Zum Verhältnis von Markt und Individuum auf Finanzmärkten,* Forschung und Praxis an der FHWien der WKW, DOI 10.1007/978-3-658-13724-3_5

– Unterreaktionen und Überreaktionen sowie Investor Sentiment – aufgegriffen. Diese Beispiele sollen unterschiedliche Herangehensweisen in der Behavioral-Finance-Forschung repräsentieren.

Die ausgewählten Modelle zu Unter- und Überreaktionen sind ausgehend von Überlegungen zu individuellen kognitiven Heuristiken konzipiert. Der dargestellte Investor-Sentiment-Ansatz kann als Gesamtmarktbetrachtung der Investorenstimmung charakterisiert werden[1]. Im Zuge der Analyse dieser Beispiele sollen die grundsätzlichen Probleme bei der Bildung von Modellen des Investorenverhaltens in der Behavioral-Finance-Forschung herausgearbeitet werden sowie untersucht werden, welche Rolle der verwendete Informationsbegriff für das Verständnis von Individual- und Marktverhalten spielt.

5.1 Unterreaktionen und Überreaktionen

In der empirischen Finanzforschung gibt es zahlreiche Befunde zu Unterreaktionen und Überreaktionen. Als Belege für Unterreaktionen werden empirische Ergebnisse angesehen, die nahelegen, dass die Marktpreise von Wertpapieren auf neue Informationen zu schwach reagieren. Neue Informationen werden daher nur langsam in die Preise integriert. Dies führt dazu, dass gegenwärtige gute (schlechte) Neuigkeiten über einen Zeitraum von circa 1–12 Monaten als Prädiktor für zukünftige positive (negative) Preisentwicklungen verwendet werden können. Als Belege für Überreaktionen werden empirische Ergebnisse angesehen, die nahelegen, dass die Marktpreise von Wertpapieren auf eine Serie von neuen Informationen, die in die gleiche Richtung zeigen (zum Beispiel eine Serie von guten Neuigkeiten), zu stark reagieren. Dieser Effekt der Überbewertung (Unterbewertung) von Wertpapieren hält in etwa 3–5 Jahre an; danach kehren die Bewertungen im Durchschnitt wieder zum Mittelwert zurück (Barberis et al. 2005, S. 423).

Psychologische Ansätze, die im Rahmen der Behavioral-Finance-Forschung zur Erklärung für Unter- und Überreaktionen auf der Individualebene der Investoren herangezogen werden, werden zunächst erläutert und analysiert. Daraufhin wird die Vorgehensweise bei der Bildung von Marktmodellen zu Unterreaktionen und Überreaktionen diskutiert.

5.1.1 Psychologische Erklärungsansätze für Unterreaktionen und Überreaktionen

Übermäßiges Selbstvertrauen und fehlerhafte Selbst-Attribution
Daniel et al. (2005, S. 462) führen Unter- und Überreaktionen am Markt auf die zwei psychologischen Konzepte „Übermäßiges Selbstvertrauen" und „Fehlerhafte Selbst-Attribution"

---

[1]Die hier genannten Unterscheidungen von Behavioral-Finance-Modellen nach individueller Betrachtung versus Gesamtmarktbetrachtung und kognitiven Ansätzen versus stimmungsorientierten Ansätzen wurden vom Autor dieser Arbeit vorgenommen.

zurück. In Bezug auf die Informationen, die zur Bewertung von Wertpapieren herangezogen werden, unterscheiden sie zwischen „privaten" und „öffentlichen" Informationen. Die Investoren überschätzen aufgrund ihres übermäßigen Selbstvertrauens ihre Fähigkeiten, Wertpapiere auf Basis von privaten Informationen zu bewerten, und unterschätzen damit die Varianz ihrer Prognosefehler. Als Beispiele für privat generierte Informationen werden die Analyse von Unternehmensbilanzen, die Verifizierung von Gerüchten oder Gespräche mit Unternehmensmanagern genannt. Öffentliche Informationen, das heißt Informationen, die von allen Investoren empfangen werden, werden von den Investoren in ihrer Bedeutung hingegen unterbewertet (Daniel et al. 2005, S. 462).

Das Selbstvertrauen der Investoren wird durch fehlerhafte Selbst-Attribution beeinflusst: Das Selbstvertrauen von Investoren, die auf Basis von privater Information handeln, wird durch bestätigende öffentliche Informationen erhöht, da die Investoren ihren Erfolg auf ihre eigenen Fähigkeiten zurückführen. Widerspricht die öffentliche Information hingegen der privaten Information, sinkt das Selbstvertrauen der Investoren kaum. Die fehlerhafte Selbst-Attribution führt damit zu folgendem Verlauf der Bewertungen: Zunächst handelt der Investor auf Basis von „unverzerrten" Meinungen. Neue öffentliche Informationen werden jedoch im Durchschnitt als Bestätigungen bereits generierter privater Informationen angesehen. Die öffentlichen Informationen führen damit kurzfristig zu einer Überreaktion (das heißt einer übertriebenen Preisänderung). Längerfristig kehren die Preise durch weitere öffentliche Informationen wieder zu den Fundamentalwerten zurück (Daniel et al. 2005, S. 463).

Daniel et al. (2005, S. 463) nennen zwar als Beispiele für private Informationen die Verifizierung von Gerüchten oder Gespräche mit Unternehmensmanagern, geben jedoch später an, dass in ihrem Modell Investoren „valide" private Informationen heranziehen, die sie nur in Bezug auf ihre Aussagekraft überschätzen. Es ist daher anzunehmen, dass dem Modell ein fundamentaler Informationsbegriff zugrunde liegt.

Konservatismus und Repräsentativitätsheuristik
Barberis et al. (2005, S. 430–431) nennen Konservatismus als Verhaltenstendenz, die mit Unterreaktionen und die Repräsentativitätsheuristik als Verhaltenstendenz, die mit Überreaktionen in Verbindung gebracht werden kann.

Das Konzept des Konservatismus geht auf Edwards (1968, zitiert nach Barberis et al. 2005, S. 430) zurück und besagt, dass Menschen ihre Meinungen beim Auftreten neuer Informationen nur langsam ändern. In den diesbezüglichen Experimenten verändern die Versuchspersonen nach dem Eintreffen der Information ihre A-posteriori-Wahrscheinlichkeitsschätzung zwar in die richtige Richtung – jedoch nicht in dem Ausmaß, das für einen rationalen Bayesianer im Rahmen des klar definierten experimentellen Kontextes notwendig wäre (Barberis et al. 2005, S. 430–431). Übertragen auf Investment-Situationen bedeutet das, dass der Informationsgehalt einer neuen öffentlichen Information (beispielsweise über Unternehmenserträge) nicht vollständig berücksichtigt wird und die Investoren stärker ihren vorherigen Schätzungen des Aktienwertes verhaftet bleiben (Barberis et al. 2005, S. 431).

Die Repräsentativitätsheuristik stellt eine Urteilsweise dar, bei der Menschen die Wahrscheinlichkeiten von unsicheren Ereignissen danach einschätzen, in welchem Ausmaß die Eigenschaften von unsicheren Ereignissen mit den Eigenschaften von Grundgesamtheiten übereinstimmen (Kategorien, denen Ereignisse zugeordnet werden können oder Prozesse, die Ereignisse bewirken). Die Wahrscheinlichkeitsschätzung entspricht damit einer Ähnlichkeitsschätzung. Beispielsweise ist die Einschätzung, ob eine unbekannte Person den Beruf des Bibliothekars ausübt, davon abhängig, wie groß die Ähnlichkeiten zwischen den Eigenschaften der Person und den als typisch wahrgenommenen Eigenschaften von Bibliothekaren ist. Andere Einflussgrößen, die ebenfalls auf die Wahrscheinlichkeitsschätzung Einfluss haben sollten, wie zum Beispiel die Anzahl von Bibliothekaren in der Bevölkerung (die Basisrate), werden jedoch vernachlässigt (Tversky und Kahneman 1974, S. 1124).

Für die Betrachtung von Investment-Entscheidungen ist zu beachten, dass Menschen aufgrund der Repräsentativitätsheuristik in zufälligen Abfolgen von Ereignissen Muster erkennen können. Wenn einzelne Unternehmen über mehrere Jahre hinweg wachsende Erträge verzeichnen, halten Investoren diese Unternehmen für Vertreter der kleinen Gruppe kontinuierlich wachsender Unternehmen und nehmen an, dass die Ertragsentwicklung in der Vergangenheit ein andauerndes Entwicklungspotenzial repräsentiert. Die Investoren übersehen dabei, dass es unter einer großen Anzahl an Unternehmen mit wechselnder Ertragslage alleine aus Zufall eine gewisse Anzahl an Unternehmen geben muss, die über mehrere Jahre steigende Erträge verzeichnen und überbewerten den Preis der Unternehmen. Dies entspricht der Überreaktion, die erst dann verschwindet, wenn sich die prognostizierten Ertragszuwächse nicht einstellen (Barberis et al. 2005, S. 431–432).

In Anlehnung an die Konzepte von Konservatismus und Repräsentativitätsheuristik erstellten Barberis et al. (2005, S. 425) folgendes Modell des Investorenverhaltens: Die Erträge von Wertpapieren folgen in Wirklichkeit einem Random Walk – die Investoren wissen dies jedoch nicht. Die Investoren glauben, dass es zwei unterschiedliche Möglichkeiten gibt, wie sich Erträge entwickeln können. Die erste Möglichkeit besteht darin, dass die Erträge zum Mittelwert zurückkehren („mean reverting"). Die zweite Möglichkeit besteht darin, dass sich ein Trend entwickelt, das heißt, dass beispielsweise auf wachsende Erträge weitere Ertragssteigerungen folgen („trending"). Die Investoren beobachten in jedem Zeitabschnitt die Erträge und verwenden diese Information, um ihre Meinung über den Entwicklungsverlauf zu aktualisieren. In diesem Aktualisierungsprozess verhalten sich die Investoren bayesianisch: Wenn eine überraschende Ertragssteigerung von einer weiteren überraschenden Ertragssteigerung gefolgt wird, erhöhen die Investoren die Wahrscheinlichkeit dafür, dass ein Trend vorliegt. Die Investoren haben eine feste Vorstellung davon, bei welcher Wahrscheinlichkeit ein Zustand (zum Beispiel „mean reverting") in den anderen Zustand (zum Beispiel „trending") übergeht und welche statistischen Eigenschaften der Prozess der Ertragsentwicklung in den beiden Zuständen aufweist.

Der Informationsbegriff wird beim Modell von Barberis et al. nicht näher definiert. Aus den Beispielen (Informationen über Ertragsentwicklungen der Unternehmen), die bei der Erläuterung des Modells genannt werden, lässt sich schließen, dass unter Informationen fundamentale Informationen im Sinne der Effizienzmarkthypothese zu verstehen sind.

Interaktion von Nachrichten getriebenen Händlern („Newswatchers") und Händlern auf Basis von Kursdaten („Momentum Traders")

Hong und Stein (2005, S. 503–504) gehen in ihrem Erklärungsmodell für Unter- und Überreaktionen davon aus, dass diese aus der Interaktion von zwei unterschiedlichen Investorentypen entstehen. Die sogenannten „Newswatchers" ziehen für ihre Prognosen nur fundamentale Informationen heran, die sie durch private Beobachtung erschließen. Die „Momentum Trader" handeln hingegen ausschließlich auf Basis ihrer Kenntnisse der Preisentwicklungen in der Vergangenheit. Zusätzlich nehmen die Autoren an, dass die privaten Informationen sich schrittweise in der Gruppe der „Newswatchers" ausbreiten.

Entsprechend diesem Modell ist zunächst die Gruppe der „Newswatchers" aktiv. Da sich neue Informationen Schritt für Schritt in dieser Gruppe verbreiten und diese Gruppe nur die Informationen an sich, nicht aber die Preisentwicklungen, analysiert, findet eine Unterreaktion auf die neuen Informationen statt. Die „Momentum Trader" erkennen den Preistrend; ihre Handelsaktivitäten führen zunächst dazu, dass die Arbitragemöglichkeiten, die aufgrund der Unterreaktion der „Newswatchers" entstanden sind, verschwinden – das heißt, kurz nachdem neue Information die „Newswatchers" erreicht hat, verdienen die „Momentum Trader" Geld. Später, wenn weitere „Momentum Trader" auf die durch die frühen „Momentum Trader" ausgelösten Preisentwicklungen reagieren, kommt es zu einer Überreaktion und die „Momentum Trader" verlieren Geld (Hong und Stein 2005, S. 504–505).

Der Informationsbegriff wird bei Hong und Stein (2005, S. 503–504) in zwei unterschiedlichen Bedeutungen verwendet. Die Neuigkeiten, die von den „Newswatchers" herangezogen werden, sind fundamentale Informationen. Die Informationen über Preise und Preisänderungen sind keine fundamentalen Informationen und lassen daher keine Rückschlüsse über den Wert des Wertpapiers zu; sie können jedoch helfen, Trends am Markt zu erkennen. Im Modell von Hong und Stein findet somit eine Differenzierung des Informationsbegriffes statt. Diese Differenzierung ist zwar auf eine einzige Unterscheidung beschränkt; sie verdeutlicht jedoch, dass die Annahme der Nutzung unterschiedlicher Informationsarten ein Erklärungsprinzip für das Vorhandensein unterschiedlicher Handelsstrategien sowie eine Charakterisierungsmöglichkeit für unterschiedliche Handelsstrategien am Markt darstellen kann.

5.1.2 Aggregationsprinzipien bei Marktmodellen zu Unterreaktionen und Überreaktionen

Das Konzept des repräsentativen Investors

Das in Abschn. 5.1.1 zitierte Modell von Barberis et al. (2005, S. 439) greift auf das häufig verwendete Konzept des repräsentativen Investors zurück. Dies bedeutet, dass der Marktpreis des Wertpapiers jenem Wert entspricht, den der repräsentative Investor dem Wertpapier zuordnet. Der Markt wird damit einem Individuum mit spezifischen Denkprozessen, Emotionen und Verhaltensweisen gleich gesetzt (Shefrin 2008, S. 214).

Ein Vorteil dieser Vorgehensweise liegt in der Einfachheit, mit der in den postulierten Modellen makroökonomische Aggregate erzielt werden können: Ohne Diversität in den Entscheidungsregeln, welche die Marktteilnehmer verwenden, um sich beispielsweise mit der Unvollständigkeit ihres Wissens oder mit Marktänderungen auseinanderzusetzen, stellt das Aggregat einer angebotenen oder nachgefragten Menge bloß ein Vielfaches des Angebots oder der Nachfrage des repräsentativen Marktteilnehmers[2] dar (Boland 2003, S. 159).

Sieht man die Einfachheit von Modellen als erstrebenswertes Ziel, so lässt sich argumentieren, dass die Verwendung einfacher Entscheidungsregeln eines einzelnen Investors ausreichend sein kann, um komplexe Preisverläufe zu generieren. Maymin (2011, S. 1378) zeigte, dass ein Marktmodell auf Basis eines repräsentativen Investors mit nur einer einfachen Entscheidungsregel bereits eine hohe Komplexität der Preisverläufe generieren kann, die besser zu den realen Daten passt als ein Random-Walk-Modell. Die Entscheidungsregel lautete, dass der Investor verkauft, wenn zwei Mal hintereinander gleichgerichtete Preisveränderungen stattfinden (zwei Kursanstiege oder zwei Kurssenkungen) und kauft, wenn hintereinander zwei gegensätzliche Kursbewegungen stattfinden (ein Kursanstieg und eine Kurssenkung). Bei der Umsetzung der Transaktion findet eine Verzögerung von mehreren Augenblicken (Runden in der Simulation) statt.

Die Verwendung mehrerer Investorentypen kann bei entsprechender Modellformulierung auch durch ein Modell mit einem einzelnen repräsentativen Investor ersetzt werden. In Modellen wie jenem von Hong und Stein (2005, S. 509) sind zwar zwei Investorentypen („Newswatchers" und „Momentum Traders") vertreten; diese agieren jedoch unabhängig voneinander – das heißt beispielsweise, dass „Newswatchers" bei guten

---

[2]Die Erörterungen von Boland beziehen sich auf das repräsentative Unternehmen in Gütermärkten, deshalb wird als Beispiel für die zu aggregierende Größe die Angebotsmenge gewählt. Die Vor- und Nachteile des Prinzips des repräsentativen Marktteilnehmers sind auch für Finanzmärkte gültig, wobei hier die zu aggregierende Größe – der Marktpreis – für den repräsentativen Marktteilnehmer und den Gesamtmarkt identisch ist.

Neuigkeiten nicht so aggressiv kaufen wie sie es täten, wenn sie die folgenden Aktivitäten der „Momentum Trader" mit einkalkulieren würden. Ob ein solches Modell in der Weise beschrieben wird, dass mehrere Investoren, die – jeder für sich – über eine eigene spezifische Entscheidungsregel verfügen, nacheinander agieren, oder dass ein einzelner repräsentativer Investor zwischen unterschiedlichen Regeln hin und her wechselt, stellt nicht mehr als zwei unterschiedliche Interpretationen des gleichen Modells dar (Maymin 2013, S. 72).

Diesen Vorteilen bei der Verwendung des repräsentativen Investors für die Modellbildung stehen mehrere Nachteile gegenüber. Kirman (1992, S. 118) argumentiert, dass selbst bei ökonomischen Modellen, die von nutzenmaximierenden Individuen ausgehen, die Annahme eines repräsentativen Individuums nicht angemessen ist. So gibt es keine formale Begründung für die Annahme, dass sich ein Aggregat von nutzenmaximierenden Individuen genauso verhält wie ein einzelner Nutzenmaximierer.

Ein Modell, das auf dem Konzept eines repräsentativen Individuums aufbaut, wird zudem durch Veränderungen in einem Parameter des Modells infrage gestellt. Beispielsweise können Änderungen politischer Rahmenbedingungen, wenn sie mit einem solchen Modell simuliert werden, zu irreführenden Schlussfolgerungen führen. Bei einer solchen Vorgehensweise wird zunächst ein nutzenmaximierendes Individuum konstruiert, dessen Entscheidungen die Entscheidungen des Aggregates angemessen abbilden. Daraufhin wird analysiert, welche Auswirkungen die Änderung der politischen Rahmenbedingung auf die Entscheidungen des repräsentativen Individuums hat. Da jedoch Änderungen politischer Rahmenbedingungen die verschiedenen Individuen in der Regel in unterschiedlichem Ausmaß betreffen, ist das vor der Veränderung konstruierte repräsentative Individuum voraussichtlich nicht mehr repräsentativ für das Aggregat nach der Veränderung. Es können daher Unterschiede zwischen den Entscheidungen des Aggregates und des (zuvor) repräsentativen Individuums angenommen werden (Kirman 1992, S. 123).

Selbst wenn das repräsentative Individuum die Entscheidungen des Aggregates vor und nach einer (politischen) Veränderung korrekt abbildet, können sich die Präferenzen des repräsentativen Individuums von den einzelnen Präferenzen aller Individuen des Aggregates unterscheiden. Dies kann zu dem paradoxen Resultat führen, dass eine Analyse anhand der Präferenzen des repräsentativen Individuums zu der Schlussfolgerung führt, dass beispielsweise der Zustand nach der politischen Veränderung präferiert wird, obwohl jedes Individuum für sich alleine betrachtet den Zustand vor der politischen Veränderung präferiert. Somit können Verbesserungen im Wohl des repräsentativen Individuums fälschlicherweise als Verbesserungen des Allgemeinwohls interpretiert werden (Kirman 1992, S. 124–125).

Wird ein Modell, das auf einem repräsentativen Individuum aufgebaut ist, empirisch getestet, entstehen weitere Probleme: In einer Gruppe können komplexe Dynamiken entstehen. Werden diese Dynamiken einem einzelnen repräsentativen Individuum zugeschrieben, kann dies zu sehr unnatürlichen Charakterisierungen des repräsentativen Individuums führen. Wenn eine aus einem solchen Modell abgeleitete Verhaltenshypothese empirisch widerlegt wird, ist es unklar, ob die Verhaltenshypothese widerlegt wurde oder die Zusatzannahme des repräsentativen Individuums (Kirman 1992, S. 118, 125).

Kirman (1992, S. 134) sieht den Grund, weshalb Ökonomen trotz der erwähnten Nachteile am Konzept des repräsentativen Individuums festhalten, neben der Simplifizierung der makroökonomischen Modelle darin, dass Ökonomen prinzipiell dazu tendieren, beobachtete Regelmäßigkeiten auf der Aggregatebene mit individuellem Maximierungsverhalten in Beziehung zu setzen. Dies deckt sich mit Bolands (2003, S. 55–56) Darstellung neoklassischer ökonomischer Forschung als der Formulierung rationaler Rekonstruktionen: Die neoklassischen Erklärungsversuche setzen grundsätzlich nach der Beobachtung von Entscheidungsverhalten ein (zum Beispiel anhand von aggregierten Größen wie Daten über Marktpreisverläufe). Dieses Entscheidungsverhalten wird nach dem Prinzip erklärt, dass etwas maximiert wurde (beispielsweise der Nutzen, der Profit oder der Wohlstand). In diesem Sinne kann das außer Frage gestellte Maximierungsprinzip als „Metaphysik" des neoklassischen Forschers betrachtet werden.

Während eine solche Vorgehensweise somit – trotz aller in der ökonomischen Literatur beschriebenen Probleme – den Gepflogenheiten neoklassischer Forschung entspricht, ist es umso fragwürdiger, weshalb Forschungsrichtungen wie die Behavioral Finance, die sich als Alternative zu (neoklassischen) ökonomischen Modellen verstehen wollen, das Konzept des repräsentativen Investors für die Modellbildung übernehmen. Denn die Anerkennung von Unvollkommenheiten impliziert, dass es keinen Grund mehr für die Marktteilnehmer gibt, sich entsprechend der gleichen Entscheidungsregeln zu verhalten. Die daraus folgende Diversität legt eine Populationsperspektive (das heißt eine Berücksichtigung der Verteilung der unterschiedlichen Typen von Marktteilnehmern) nahe (Boland 2003, S. 159).

Für viele Modelle in der Behavioral Finance ist daher auch jene Schlussfolgerung zutreffend, die Kirman (1992) bezüglich der Verwendung des Konzepts des repräsentativen Individuums zieht:

> Only if we are prepared to develop a paradigm in which individuals operate in a limited subset of the economy, are diverse both in their characteristics and the activities that they pursue, and interact directly with each other, will economics escape from the stultifying influence of the representative agent (S. 134).

Systematische Abweichung von einem „rationalen" Standard

Behavioral-Finance-Modelle zu Unter- und Überreaktionen sind, wie die Bezeichnung nahelegt, als Modelle systematischer Abweichungen von einem rationalen ökonomischen Standard konzipiert. Eine solche Vorgehensweise bei der Modellbildung wurde bereits von Gigerenzer und Goldstein (1996, S. 650–651) in Bezug auf den „Heuristics and Biases"-Ansatz kritisiert: Im Gegensatz zu anderen Ansätzen eingeschränkter Rationalität wie dem

„Bounded Rationality"-Ansatz von Simon (1956)[3] wird hier der normative Kern des öko-nomischen Ansatzes beibehalten.

Im Finanzmarktmodell von Barberis et al. (2005) wird der rationale Standard, von dem die Investoren in ihrem Modell systematisch abweichen, folgendermaßen definiert:

> There is only one security, which pays out 100 percent of its earnings as dividends; in this context, the equilibrium price of the security is equal to the net present value of future ear-nings, as forecasted by the representative investor. ... Given the assumptions of risk-neutra-lity and a constant discount rate, returns are unpredictable if the investor knows the correct process followed by the earnings stream ... . If our model is to generate the kind of predic-tability in returns documented in the empirical studies ..., the investor must be using the wrong model to form expectations. We suppose that the earnings stream follows a random walk. This assumption is not entirely accurate ... (S. 433–434).

Ein rationaler Investor sollte nach diesem Modell das Wertpapier so bewerten als ob die Einkünfte des Wertpapiers einem Random Walk folgen würden. Dies bedeutet, dass im Modell von Barberis et al. (2005, S. 439–440) der „wahre" Verlauf der Einkünfte so fest-gelegt wird, dass er einem Random Walk folgt. Demzufolge können die im Modell spe-zifizierten Verhaltensweisen der Investoren („mean reverting" und „trending") in Bezug zu diesem Standard gesetzt werden und als systematische Abweichungen von der „ratio-nalen" Bewertung formalisiert werden.

Über diese Vorgehensweise werden die im Kap. 3 beschriebenen Probleme des Rati-onalitätskonzepts in das Behavioral-Finance-Modell „importiert". Es wird angenommen, dass es einen „wahren Wert" des Wertpapiers gibt, der unabhängig von den Einschätzun-gen der Marktteilnehmer existiert und alleine von den zukünftigen Erträgen des Wertpa-piers abhängt. Es gibt eine „richtige Methode" wie man den Entwicklungsprozess der zukünftigen Erträge modellieren kann und die Einschätzung des repräsentativen Markt-teilnehmers, die den Marktpreisverlauf bestimmt, ist somit eine fehlerhafte Unter- oder Überschätzung dieses Wertes. Das Behavioral-Finance-Modell ist daher ebenfalls so

---

[3]Dass bei der Entwicklung von Marktmodellen in der Behavioral Finance der „Heuristics and Biases"-Ansatz dem „Bounded Rationality"-Ansatz vorgezogen wurde, mag an den unterschied-lichen Definitionen der Entscheidungssituation für den einzelnen Akteur liegen: In der einfachsten Entscheidungssituation im Behavioral Finance Kontext muss der Akteur eine Entscheidung über den Kauf oder Verkauf eines einzelnen Wertpapiers treffen. Dazu ist eine Bewertung des Wertpa-piers anhand der antizipierten Zahlungsströme notwendig. Im Kontext des „Bounded Rationality"-Ansatzes (Simon 1979, S. 500–501) steht der Akteur hingegen vor dem Problem, aus einer Vielzahl von möglichen Handlungsalternativen auswählen zu müssen. Auf Grund seiner begrenz-ten Kapazität, Handlungsalternativen identifizieren und bewerten zu können, muss der Akteur an Stelle einer nutzenmaximierenden Auswahlentscheidung nach Wegen suchen, wie er die Entschei-dung so vereinfachen kann, dass eine für ihn zufriedenstellende Lösung erreicht werden kann. Der Fokus des „Bounded Rationality"-Ansatzes liegt somit auf (der Vereinfachung) einer Auswahlent-scheidung, während im Behavioral-Finance-Ansatz ein Bewertungsproblem im Vordergrund steht.

konzipiert als ob das Induktionsproblem, das heißt die Unbestimmtheit der Zukunft, eindeutig lösbar wäre.

Barberis et al. (2005, S. 434) geben zwar an, dass ihre Annahme, der „wahre Prozess" der Ertragsentwicklung wäre ein Random-Walk-Prozess, nicht vollständig korrekt ist. Sie sehen dies jedoch nur als unbedeutendes Operationalisierungsproblem an, da der wesentliche Grundgedanke für sie die Überlegung darstellt, dass Investoren die Ertragsentwicklungen als einen stärker stationären Prozess ansehen, als dieser „in Wirklichkeit" ist.

Die Fokussierung auf einen rationalen Standard im Rahmen derartiger „Bias"-Theorien führt auch zur Übernahme der (nicht explizit gemachten) Annahme, dass die fundamentalen Informationen in Bezug auf die Ertragsentwicklungen die einzigen Informationen sind, die für die Marktteilnehmer zur Bewertung des Marktpreises von Relevanz sind. Damit können Erkenntnisse über die Verwendung nicht fundamentaler Informationen, beispielsweise dass Marktteilnehmer die Investmententscheidungen anderer (prominenter) Investoren als wichtige Informationen betrachten – wie dies in Ansätzen zum „Herdenverhalten" untersucht wird[4] – nicht in das Modell integriert werden.

Im Modell von Daniel et al. (2005) wird die systematische Abweichung von einem rationalen Standard folgendermaßen definiert:

> We find that the overconfident informed overweigh the private signal relative to the prior, and their trading pushes the price too far in the direction of the signal. When noisy public information signals arrive, the inefficient deviation of the price is partially corrected, on average. On subsequent dates, as more public information arrives, the price, on average, moves still closer to the full-information value. ... We show that this overreaction-correction pattern is consistent with long-run negative autocorrelation in stock returns, unconditional excess volatility (unconditional volatility in excess of that which would obtain with fully rational investors), and with further implications for volatility conditional on the type of signal (S. 462).

Es wird auch hier ein Modell aufgestellt, das auf Abweichungen von rationalem Verhalten beruht. Dieses Modell wird so konzipiert, dass die daraus generierten Daten mit empirisch beobachteten Finanzmarktdaten wie langfristig negativen Autokorrelationen von Aktienerträgen übereinstimmen[5]. Wenn zur Überprüfung des Modells nicht (auch) die Annahmen des Modells (leiden wirklich alle Investoren unter Selbstüberschätzung?) getestet werden, sondern nur die empirischen Folgerungen, dann leidet die Überprüfung des Modells genauso wie bei der Effizienzmarkthypothese unter dem Problem der Induktion (siehe Abschn. 3.2.3): bei empirisch beobachteten Widersprüchen zum Modell kann nicht gesagt werden, ob das Modell widerlegt wurde (das heißt die Investoren weichen

---

[4]Ein Überblick zu theoretischen Ansätzen und Studien zum Herdenverhalten findet sich beispielsweise bei Hirshleifer (2003).

[5]Für einen Überblick zur Vorhersagbarkeit von Aktienerträgen auf Basis von vergangenen Aktienerträgen siehe Hirshleifer (2001, S. 1558).

nicht in der postulierten Form systematisch von rationalem Verhalten ab) oder ob die Operationalisierung von rationalem Verhalten ungeeignet war (das heißt aufgrund des Problems der Induktion kann es kein eindeutig richtiges Verfahren zur Bestimmung der zukünftigen Erträge eines Wertpapiers und damit des „wahren Wertes" des Wertpapiers geben; wenn die Operationalisierung des „wahren Wertes" falsch ist, ist daher auch die Operationalisierung der systematischen Abweichung vom wahren Wert falsch).

Der Umstand, dass weder bei den ökonomischen Modellen noch bei den behavioralen Modellen zu Über- und Unterreaktionen die Modellannahmen empirisch überprüft werden (wie auch im Abschn. 4.1 zur instrumentalistischen Modellbildung geschildert), sondern der Fokus der Untersuchungen darauf liegt, beobachtbare Marktdaten als Belege für Modellvorhersagen heranzuziehen, führt zu komplexen Diskussionen zwischen Anhängern der Effizienzmarkthypothese und der Behavioral Finance, welche Modelle die Realität korrekt wiedergeben. So argumentiert beispielsweise Fama (1998), dass die ermittelten empirischen Belege für Unter- und Überreaktionen kein Beleg für die Behavioral-Finance-Modelle sind, sondern gut mit der Effizienzmarkthypothese vereinbar sind. Denn die in Studien ermittelten Abweichungen vom unter der Effizienzmarkthypothese erwarteten Wert gehen in beide Richtungen (Unter- und Überreaktionen) und können daher als Zufallsschwankungen interpretiert werden, die jedoch von Anhängern der Behavioral Finance als Anomalien betrachtet werden. Entsprechend ihrem Charakter als Zufallsschwankungen und dem Messproblem (Problem der Verbundhypothese) sind diese Abweichungen instabil und können durch Veränderungen der Messmethoden verschwinden (Fama 1998, S. 304).

Die Anhänger der Behavioral Finance begegnen diesem Argument, die gefundenen Anomalien würden auf „Data Mining" beruhen, damit, dass einige der gefundenen Anomalien zu regelmäßig über unterschiedliche Zeiträume und Länder auftreten, um auf Zufall zu beruhen (Subrahmanyam 2007, S. 13). Diese Pro- und Kontra Argumentationen verdeutlichen das in Abschn. 4.1 beschriebene und von Friedman (1953) postulierte instrumentalistische Prinzip, dass sich zu gegebenen Datensätzen beliebig viele unterschiedliche Erklärungsmodelle konstruieren lassen.

Zusammenfassend lässt sich feststellen, dass sich aus den hier erörterten Modellen zu Unter- und Überreaktionen vier häufig verwendete Prinzipien der behavioralen Modellbildung ableiten lassen:

- Die Verwendung eines repräsentativen Investors anstelle einer Populationsperspektive mit Investorendiversität,
- die Formulierung von behavioralen Investmentstrategien als systematische Abweichung von rationalen Prinzipien anstelle der Deskription und Systematisierung von Verhaltensweisen ohne Bezugnahme auf rationale Standards,
- die Einschränkung des Informationsbegriffs auf den „fundamentalen" Informationsbegriff der Ökonomie anstelle der Deskription und Systematisierung von Informationen, die von Investoren zur Entscheidungsfindung herangezogen werden und

- die empirische Überprüfung der Modelle anhand von Marktdaten unter Verzicht auf die Überprüfung der behavioralen Modellannahmen.

Der dritte und vierte Punkt wurden in diesem Unterkapitel nicht in der Ausführlichkeit wie die ersten beiden Punkte geschildert, da der aus der Ökonomie übernommene fundamentale Informationsbegriff bereits in Abschn. 4.2 geschildert wurde und der Verzicht auf die Überprüfung von Modellannahmen als Ausprägung instrumentalistischer Modellbildung bereits in Abschn. 4.1 diskutiert wurde.

Die beschriebenen Prinzipien bei der Bildung behavioraler Modelle zu Unter- und Überreaktionen verdeutlichen, dass die Möglichkeiten behavioraler Modellbildung (Investorendiversität, Deskription und Systematisierung beobachtbarer Informationsverwendung und Investmentverhaltensweisen, realitätsnahe Formulierung von Modellannahmen) nicht ausgeschöpft werden und damit eine weitgehende Übereinstimmung mit ökonomischen Modellen gegeben ist.

5.2   Investor Sentiment

5.2.1   Der Begriff des Investor Sentiment

Der Begriff des Investor Sentiment wird in der Behavioral-Finance-Literatur häufig sehr unscharf verwendet, um Abweichungen von den traditionellen finanzwirtschaftlichen Ansätzen zu kennzeichnen. Beispielsweise wird Investor Sentiment mit Erklärungen wie nicht-bayesianisch fundierten Einstellungen gegenüber Risiken oder Erträgen beschrieben und stellt damit das Gegenteil des traditionellen finanzwirtschaftlichen Begriffsverständnisses, nicht jedoch einen klar definierten, spezifischen Begriff dar (Wurgler 2012, S. 227). In diesem Abschnitt wird der Begriff des Investor Sentiment daher nicht ins Deutsche übersetzt, sondern im Original beibehalten, um den unterschiedlichen Bedeutungsnuancierungen dieses Begriffs in der Behavioral-Finance-Literatur gerecht werden zu können.

Insbesondere in der älteren Behavioral-Finance-Literatur stellt Investor Sentiment einen Sammelbegriff für alle nicht rationalen, in der Realität beobachtbaren Präferenzen, Einstellungen oder Verhaltensweisen dar, die durch ihr gehäuftes Auftreten einen Einfluss auf den Marktpreis ausüben. Shleifer (2000) beschreibt Investor Sentiment beispielsweise so:

> A number of terms have been used to describe investors whose preferences and beliefs conform to the psychological evidence rather than the normative economic model. Beliefs based on heuristics rather than Bayesian rationality are sometimes called 'investor sentiment.' … Investor sentiment reflects the common judgment errors made by a substantial number of investors, rather than uncorrelated random mistakes (S. 11–12).

Synonym zu diesem Begriff des Investor Sentiments werden auch Begriffe wie „noise trader" oder „unsophisticated investor" verwendet, die ebenfalls die Abweichung vom Rationalitäts- und Effizienzparadigma kennzeichnen (Shleifer 2000, S. 12). Im Zuge eines solchen allgemeinen Begriffsverständnisses können auch die im vorigen Abschnitt geschilderten Modelle zu Unter- und Überreaktionen unter „Investor Sentiment" subsumiert werden. So nennen Barberis et al. (2005, S. 423) ihr Modell zu Unter- und Überreaktionen „A Model of Investor Sentiment".

Laut Wurgler (2012, S. 227) haben sich im Zuge der Weiterentwicklung des Forschungsbereichs und der verstärkten Integration psychologischer und soziologischer Konzepte das verwendete Vokabular und die inhaltlichen Konzepte zum Thema Investor Sentiment stärker ausdifferenziert. Eine Möglichkeit, Investor Sentiment spezifischer zu definieren, besteht darin, Investor Sentiment als Neigung zum Spekulieren zu verstehen. Demzufolge beeinflusst das Investor Sentiment die Nachfrage nach spekulativen Investments stärker als die Nachfrage nach weniger spekulativen Investments. Dies führt zu unterschiedlichen Entwicklungen verschiedener Anlageformen – selbst unter der Annahme eines gleichmäßigen Einflusses rationaler Arbitrageure (Baker und Wurgler 2006, S. 1648).

Eine andere Möglichkeit besteht darin, Investor Sentiment als generellen Optimismus oder Pessimismus gegenüber Wertpapieren zu verstehen. Veränderungen des Investor Sentiments können auch in diesem Fall verschiedene Wertpapiere unterschiedlich beeinflussen. So zeigen theoretische und empirische wissenschaftliche Untersuchungen, dass es bei Aktien von jungen, kleinen, unprofitablen, stark wachsenden oder Not leidenden Unternehmen riskant und kostspielig ist, auf Arbitragegewinne zu spekulieren, sodass diese Aktien stärker von den Auswirkungen des Investor Sentiments betroffen sind (Baker und Wurgler 2006, S. 1649).

Ein derartiges Verständnis von Investor Sentiment als allgemeiner Investorenstimmung mit Ausprägungen wie „optimistisch" („bullish") und „pessimistisch" („bearish") liegt direkten Erhebungsmethoden zum Investor Sentiment zugrunde. Dabei werden Umfragen mit standardisierten Fragen zur Investorenstimmung durchgeführt, wodurch umfangreiche Daten in Form von Zeitreihen abhängig von den regelmäßigen Befragungszeitpunkten generiert werden. Diese Methode weist jedoch auch Nachteile wie geringe Stichprobengrößen, sozial erwünschtes Antwortverhalten, ungenaue zeitliche Zuordenbarkeit der Antworten, ungenaue Differenzierung der einzelnen Stimmungszustände oder Probleme der Stimmgewichtung unterschiedlich bedeutsamer Investorengruppen auf (Beer und Zouaoui 2013, S. 51–52).

Aufgrund dieser Probleme verwenden andere Autoren indirekte Messgrößen für Investor Sentiment, die aus Marktdaten abgeleitet werden. Diese Indikatoren weisen die Vorteile auf, dass sie relativ einfach zu konstruieren sind, in Realzeit beobachtet werden können und sowohl den Einfluss der Marktteilnehmer als auch das Ausmaß ihres Optimismus und Pessimismus wiedergeben. Die Nachteile dieser Vorgehensweise liegen in den teilweise umstrittenen theoretischen Überlegungen, aus denen sie abgeleitet werden, sowie der Schwierigkeit, das Investor Sentiment von anderen ökonomischen Erwartungshaltungen zu trennen (Beer und Zouaoui 2013, S. 52).

Eine solche indirekte Herangehensweise an die Untersuchung des Investor Sentiment wird im folgenden Abschnitt dargestellt. Dies hat den Zweck, die von der Behavioral-Finance-Forschung verfolgte Art der Modellbildung beispielhaft für den Stimmungsbereich darzustellen, nachdem im Abschn. 5.1 der kognitive Bereich (Heuristiken) bereits beispielhaft behandelt wurde.

5.2.2 Das Investor-Sentiment-Konzept von Baker und Wurgler

Theoretische Überlegungen von Baker und Wurgler

Der Investor-Sentiment-Ansatz von Baker und Wurgler (2007, S. 130) wird von den Autoren als makroökonomischer „Top Down"-Ansatz charakterisiert. Damit unterscheidet sich dieser Ansatz von den „Bottom Up"-Ansätzen, die ausgehend von den individuellen Urteilsfehlern der Investoren konzipiert sind. Im Gegensatz zu diesen „Bottom Up"-Ansätzen gehen Baker und Wurgler davon aus, dass das Verhalten der Investoren und Märkte zu komplex ist, um es durch einige ausgewählte Urteilsfehler oder Handelsprobleme zu erklären.

Der Vorteil eines solchen „Top Down"-Ansatzes wird darin gesehen, Blasen, Crashs und auch alltäglichere Preisbewegungen mit Hilfe des Investor Sentiments erfassen zu können. Die „Bottom Up"-Ansätze können hingegen Erklärungen für die Veränderungen des Investor Sentiments selbst liefern (Baker und Wurgler 2007, S. 130–131). Der Ansatz von Baker und Wurgler (2007, S. 130) konzentriert sich daher auf die Messung von aggregiertem Investor Sentiment und dessen Auswirkung auf Markterträge und einzelne Aktien.

In diesem Ansatz wird somit das Problem, wie die Aggregation der individuellen Strategien der Marktteilnehmer zu einem Marktergebnis in einem Marktmodell erfolgen soll, vermieden. Dies erfolgt durch eine explizite Einschränkung der Modellgültigkeit auf den makroökonomischen Bereich. Über das Individualverhalten der Investoren werden keine Aussagen getätigt. Damit wird eine völlig andere Herangehensweise an die Modellkonzeption gewählt als bei den im Abschn. 5.1 besprochenen Marktmodellen, die das Marktverhalten vom Individualverhalten der Investoren ausgehend erklären, indem sie das Marktverhalten durch Konzepte wie den repräsentativen Investor mit dem Individualverhalten gleichsetzen.

Zur Frage der korrekten Bewertung von Wertpapieren nehmen Baker und Wurgler (2007, S. 132) ebenfalls eine andere Position ein als Vertreter der im Abschn. 5.1 erläuterten Bias-Theorien. Während Vertreter der Bias-Theorien ihre Modelle so konzipieren, dass die tatsächlichen Bewertungen systematische Abweichungen von den „richtigen" Bewertungen sind, arbeiten Baker und Wurgler heraus, dass die Schwierigkeit und Subjektivität bei der Bestimmung des „wahren Wertes" eines Wertpapiers ein wichtiges Merkmal bei der Bewertung darstellt. Sie nennen als Beispiel ein junges, zurzeit (noch) unprofitables Unternehmen, welches das Potenzial hat, sich zu einem hoch profitablen Wachstumsunternehmen zu entwickeln. Die fehlenden Vergangenheitsdaten über bisherige Erträge und die hohe Ungewissheit über die Zukunftsaussichten können Investoren in Abhängigkeit von ihrem Sentiment dazu verleiten, zu hohe oder zu niedrige Bewertungen vorzunehmen. Im Gegensatz dazu ist die Bestimmung des Wertes eines Unternehmens mit umfangreichen Daten über vergangene Erträge, realen Vermögenswerten und stabilen Dividendenzahlungen weniger subjektiv und daher weniger anfällig für Sentiment (Baker und Wurgler 2007, S. 132).

Diese Formulierung lässt sich als eine (zumindest teilweise) Anerkennung des Induktionsproblems interpretieren: Bei fehlenden Vergangenheitsdaten ist das Induktionsproblem offensichtlich – es können keine „Gesetzmäßigkeiten" der Ertragsentwicklung abgeleitet und in die Zukunft projiziert werden. Ohne Informationen über die zukünftig erwarteten Erträge können wiederum die ökonomischen Bewertungsmodelle nicht eingesetzt werden.

Sind diese Informationen hingegen vorhanden, kann der „wahre Wert" eines Wertpapiers mithilfe der ökonomischen Bewertungsmodelle ermittelt werden. Diese von Baker und Wurgler (2007, S. 132) aus der ökonomischen Theorie übernommenen Formulierungen hinsichtlich des „wahren Wertes" von Wertpapieren stehen wiederum einer vollständigen Anerkennung des Induktionsproblems (siehe Abschn. 3.2.3) entgegen. Da sich Bakers und Wurglers Überlegung mit der relativen Schwierigkeit der Bewertung von Wertpapieren auseinandersetzt, lässt sich ihr Gedankengang jedoch leicht so umformulieren, dass er nicht mit dem Induktionsproblem in Konflikt gerät: Je weniger Vergangenheitsdaten über ein Unternehmen zur Verfügung stehen, desto schwieriger ist es für die Investoren, ökonomische Bewertungsmodelle anzuwenden[6]. Das Investor Sentiment hat unter diesen Bedingungen einen größeren Einfluss auf die Bewertungen und die Bewertungen unterliegen größeren Schwankungen.

Operationalisierung des Sentiment-Konzepts durch Baker und Wurgler
Zur Messung des Investor Sentiment werden mehrere Indikatoren verwendet. Ein Indikator ist der „Closed-End Fund Discount". Dieser Preisabschlag für geschlossene Investmentfonds wird anhand der Marktpreise der im jeweiligen Fonds vertretenen einzelnen Wertpapiere errechnet. Die Differenz zwischen dem errechneten Marktpreis (Summe der enthaltenen Einzelwerte) der geschlossenen Fonds und dem tatsächlichen Marktpreis der geschlossenen Fonds stellt den „Closed-End Fund Discount" dar. Mit sinkendem Sentiment wird der Closed-End Fund Discount größer (Baker und Wurgler 2006, S. 1655).

---

[6]In dieser modifizierten Formulierung wird der „wahre Wert", der vermeintlich durch ökonomische Bewertungsmodelle ermittelt werden kann, durch beobachtbares Verhalten der Marktteilnehmer wie die Anwendung ökonomischer Bewertungsmodelle ersetzt. Damit ist der Marktwert ein Ergebnis der Akzeptanz und Anwendung von Bewertungsmodellen durch die Marktteilnehmer und nicht das Resultat einer „richtigen" oder „falschen" Bewertung.

Dieses mit Rationalität von Investoren unvereinbare, seit Jahrzehnten bestehende „Rätsel" wurde mit Ansätzen wie der Prinzipal-Agenten-Theorie, Steuerverbindlichkeiten oder der Illiquidität von im Fonds enthaltenen Wertpapieren zu erklären versucht. Lee, Shleifer und Thaler (1991, S. 75–76) argumentierten jedoch, dass diese Ansätze auch gemeinsam nicht ausreichen, um das Ausmaß der Preisabschläge zu erklären. Sie zeigten, dass die Veränderungen in der Höhe der Preisabschläge durch das Investor Sentiment beeinflusst werden.

Als weiterer Indikator ziehen Baker und Wurgler (2006, S. 1656) die Höhe des Aktienumsatzes an der Börse heran. Laut Baker und Stein (2004, S. 296) kann ein ungewöhnlich liquider Markt darauf hinweisen, dass der Marktpreis von irrationalen Investoren bestimmt wird. Hohe Aktienumsätze sind daher ein Zeichen für hohes (positives) Investor Sentiment. Die Voraussetzung dafür ist, dass die Möglichkeit zu Leerverkäufen am Markt eingeschränkt ist[7].

Der dritte und vierte Indikator werden in Zusammenhang mit Börsengängen gebildet. In Zeiten von hohem Investor Sentiment steigt die Anzahl der Börsengänge. Die Anzahl der Börsengänge wird daher als dritter Indikator verwendet (Baker und Wurgler 2006, S. 1656). Am ersten Tag des Börsengangs kommt es in der Regel zu hohen Kurssteigerungen. Diese Kurssteigerung wird aus der Differenz von Emissionspreis und Marktpreis am Ende des ersten Handelstages errechnet (Ritter 1991, S. 3). Im Gegensatz zur Kurssteigerung am ersten Tag steigen die neu emittierten Wertpapiere in den folgenden drei Jahren unterdurchschnittlich. Die Bewertungen neu emittierter Wertpapiere durch die Investoren sind daher zu optimistisch (Ritter 1991, S. 23). Die durchschnittlichen Kurssteigerungen am ersten Handelstag im Zuge von Börsengängen werden von Baker und Wurgler (2006, S. 1656) als vierter Indikator für Investor Sentiment verwendet.

Als fünften Indikator verwenden Baker und Wurgler (2006, S. 1656) den Anteil von Aktienemissionen an der Summe von Aktienemissionen und Schuldtitelemissionen. Diesem Indikator liegen Überlegungen zugrunde, wie Unternehmen ihre Finanzpolitik auf ineffiziente Märkte ausrichten können. Bei einem (zu)[8] hohen Preisniveau am Aktienmarkt profitieren die Unternehmen von der Emission von Aktien. Bei einem (zu) niedrigen Preisniveau am Aktienmarkt ist es für die Unternehmen vorteilhafter, Schuldtitel

---

[7]Die Annahme der Beschränkung von Leerverkäufen ist notwendig, weil von den Autoren wie in vielen Behavioral Finance Modellen eine analytische Trennung der Investorenpopulation in rationale und irrationale Investoren vorgenommen wird. Wenn rationale Investoren die Gelegenheit hätten, die gesteigerte Nachfrage der neu in den Markt drängenden irrationalen Investoren durch Leerverkäufe zu befriedigen, müssten sie diese Profitmöglichkeit nutzen und der Marktpreis würde nicht steigen. Gibt man die Trennung in rationale und irrationale Investoren auf und gesteht allen Investoren zu, dass sie unsicher bezüglich der „richtigen" Bewertung von Wertpapieren sind, könnte steigendes Investor Sentiment alleine zu steigenden Marktpreisen führen.

[8]Die Formulierung zu hohes Preisniveau wird von Baker und Wurgler verwendet. Durch das Weglassen des Klammerausdrucks lässt sich der oben angeführte Gedankengang jedoch auch so formulieren, dass das Referenzieren auf eine eindeutig ermittelbare richtige Bewertung nicht notwendig ist.

auszugeben (Baker und Wurgler 2000, S. 2219). Ein hoher Anteil an Aktienemissionen zeigt daher hohes Investor Sentiment an (Baker und Wurgler 2006, S. 1657).

Der sechste Indikator ist der Preisaufschlag für Dividendenzahler (Baker und Wurgler 2006, S. 1656). Zu diesem Zweck wird das Verhältnis von Marktwert zu Buchwert sowohl von Unternehmen berechnet, die Dividenden auf ihre Wertpapiere ausschütten als auch von Unternehmen, die keine Dividenden ausschütten. Der Preisaufschlag für Dividendenzahler errechnet sich aus der Differenz der durchschnittlichen Marktwert zu Buchwert Verhältnisse von Dividendenzahlern und Nicht-Dividendenzahlern (Baker und Wurgler 2004, S. 1126). Wenn der Preisaufschlag für Dividendenzahler hoch ist, suchen die Investoren nach Unternehmen, die erkennbare Merkmale von Sicherheit wie Dividendenzahlungen aufweisen (Baker und Wurgler 2004, S. 1127). Ein hoher Preisaufschlag für Dividendenzahler geht daher mit niedrigem Investor Sentiment einher (Baker und Wurgler 2006, S. 1657). Wenn der Preisaufschlag für Dividendenzahler niedrig ist, suchen die Investoren nach Unternehmen, welche eine hohe Chance auf Kapitalwerterhöhung bieten[9] (Baker und Wurgler 2004, S. 1127). Ein niedriger Preisaufschlag für Dividendenzahler spricht daher für hohes Investor Sentiment (Baker und Wurgler 2006, S. 1657).

Sämtliche Indikatoren stellen eine Annäherung an Investor Sentiment dar, können jedoch auch den Einflüssen anderer Variablen unterliegen, die nicht in Beziehung zu Investor Sentiment stehen. Baker und Wurgler (2007, S. 139) nennen als Beispiel ökonomische Rahmenbedingungen wie vorherrschende Investitionsmöglichkeiten, die beispielsweise die Anzahl der Börsengänge beeinflussen. Zur Entfernung der Einflüsse derartiger makroökonomischer Variablen führen sie Regressionen der Sentiment Indikatoren auf eine Reihe von makroökonomischen Indikatoren durch und verwenden fortan die resultierenden Residuen zur Schätzung von Investor Sentiment.

Mithilfe der Hauptkomponentanalyse ermitteln Baker und Wurgler (2007, S. 139) die gemeinsame Investor-Sentiment-Komponente aller sechs Indikatoren (Residuen). Aus der ersten Hauptkomponente der sechs Indikatoren (Residuen) wird ein Index gebildet, der die Höhe des Investor Sentiment repräsentiert. Aus der ersten Hauptkomponente der Veränderungen der Residuen wird ein Index erstellt, der die Veränderungen des Investor Sentiment abbildet. Auf diese Weise werden die sechs Indikatoren auf zwei Indizes für Investor Sentiment verdichtet; ein Index zeigt die absolute Höhe des Investor Sentiments an, der andere die relative Veränderung.

Empirische Untersuchungen mithilfe des Sentiment-Konzeptes von Baker und Wurgler
Die solcherart konstruierten Indizes werden zur empirischen Untersuchung von Entwicklungen auf Finanzmärkten herangezogen. So stellten Baker und Wurgler (2007,

---

[9]Die Investoren können aus der Nichtauszahlung von Dividenden folgern, dass die Gewinne im Unternehmen im Sinne einer Wachstumsstrategie reinvestiert werden.

S. 141–142) fest, dass die Entwicklung des Sentiment-Index mit Berichten über Blasenbildungen und Börsencrashs übereinstimmt. Die Börsencrashs treten in Phasen von hohem Investor Sentiment auf, wobei der Zeitpunkt des Platzens einer Blase anhand des Investor-Sentiment-Indexes nicht vorhergesagt werden kann (Baker und Wurgler 2007, S. 148).

Die empirischen Untersuchungen zu den Auswirkungen des Investor Sentiments auf die Erträge von Wertpapieren ergaben, dass die Erträge von Wertpapieren, die (mit ökonomischen Modellen) schwierig zu bewerten sind oder bei denen schwierig Arbitragegewinne erzielt werden können, stärker vom Investor Sentiment beeinflusst werden (Baker und Wurgler 2006, S. 1671). In Phasen von hohem Investor Sentiment sind Wertpapiere von jungen Unternehmen, kleinen Unternehmen, stark wachsenden Unternehmen und krisengeschüttelten Unternehmen sowie unprofitable Wertpapiere, Wertpapiere, auf die keine Dividenden ausgeschüttet werden und stark volatile Wertpapiere attraktiv für optimistische Investoren und Spekulanten. Diese Wertpapiere liefern dann in weiterer Folge unterdurchschnittliche Erträge (Baker und Wurgler 2006, S. 1677). Yu und Yuan (2011, S. 367–368) ermittelten überdies mithilfe des Sentiment-Indexes, dass das von der Ökonomie postulierte Verhältnis von Varianz der Erträge und Mittelwert der erwarteten Erträge (je höher die Varianz, desto höher der Ertrag) im Wesentlichen nur in Phasen von niedrigem Investor Sentiment zutrifft. In Phasen von hohem Investor Sentiment werden die Preise hingegen nicht mehr vom Verhältnis aus Varianz und erwartetem Ertrag beeinflusst.

Baker, Wurgler und Yuan (2012, S. 272–273) bestätigten die für den U.S. Markt erzielten Ergebnisse zu den Auswirkungen des Investor Sentiments auf die Erträge von Wertpapieren für Kanada, Frankreich, Deutschland, Japan und United Kingdom. Diese Auswirkungen vor allem auf die Erträge von schwierig zu bewertenden Wertpapieren wurden überwiegend vom lokalen Sentiment[10] beeinflusst. Das globale Sentiment[11] beeinflusst hingegen die (nicht nach Unternehmenstypen differenzierten) Erträge der einzelnen lokalen Märkte. Zudem spricht eine Messung anhand der Kapitalflüsse dafür, dass das Investor Sentiment eine „ansteckende" Wirkung erzielen kann. In den durch starke Kapitalflüsse mit den United States verbundenen Ländern beeinflusste das U.S. Investor Sentiment ebenfalls die Erträge von schwierig zu bewertenden Wertpapieren.

Einen Hinweis darauf, dass das Investor Sentiment beeinflussen könnte, wie Investoren auf neue Informationen reagieren, liefert die bereits in Abschn. 4.3.2 erwähnte Studie von Mian und Sankaraguruswamy (2012, S. 1357). Sie zeigten, dass die Aktienkurse bei hohem Sentiment stärker auf gute Neuigkeiten und bei niedrigem Sentiment stärker auf schlechte Neuigkeiten über Unternehmenserträge reagierten, wobei sie ebenfalls das

---

[10]Die Werte für das lokale Investor Sentiment wurden als die vom globalen Investor Sentiment unabhängigen lokalen Residuen bestimmt; das heißt sie wurden mit Hilfe von Regressionen der Länderindices auf das globale Investor Sentiment errechnet (Baker et al. 2012, S. 278).

[11]Das globale Investor Sentiment wurde als erste Hauptkomponente der sechs Länderindices des Investor Sentiment berechnet (Baker et al. 2012, S. 277–278).

Sentiment-Maß von Baker und Wurgler verwendeten. Diese Effekte waren bei schwierig zu bewertenden Unternehmen stärker. An dieser Studie lässt sich ebenfalls die Bevorzugung von fundamentalen Informationen für die Untersuchung von Investor Sentiment ablesen.

Dass Investor Sentiment seine Wirkung über die Beeinflussung der Erwartungshaltung bezüglich zukünftiger Erträge von Wertpapieren entfaltet, legt eine Studie von Hribar und McInnis (2012, S. 294) nahe. Bei hohem Investor Sentiment werden die Vorhersagen von Aktienanalysten für schwierig zu bewertende Unternehmen optimistischer im Vergleich zu leicht zu bewertenden Unternehmen.

Auswirkungen des Investor Sentiment sind auch für den Anleihenmarkt nachweisbar. Wenn das Investor Sentiment hoch ist, bevorzugen die Investoren riskantere Wertpapiere und wenden sich von sicheren Anlageformen wie Staatsanleihen ab. Die sicheren Anlageformen erzielen infolgedessen Überschuss Erträge. Laborda und Olmo (2014, S. 207–208) konnten zeigen, dass das Investor Sentiment einen bedeutenden Erklärungsanteil an diesen Überschuss Erträgen hat, selbst wenn die Informationen berücksichtigt werden, die in den unterschiedlichen Laufzeiten von Staatsanleihen und in makroökonomischen Faktoren enthalten sind.

Kritische Diskussion des Investor-Sentiment-Konzepts von Baker und Wurgler
Der makroökonomische Ansatz von Baker und Wurgler stellt eine Abkehr vom Prinzip der Behavioral-Finance-Forschung dar, dass man individuelles Verhalten verstehen müsse, um Marktverhalten zu erklären. Die zunehmende Anzahl an empirischen Studien, in denen das Investor-Sentiment-Konzept von Baker und Wurgler eingesetzt wird, zeigt jedoch dessen steigende Anerkennung unter Behavioral-Finance-Forschern.

Ein Grund dafür mag darin liegen, dass Baker und Wurgler bei der Konzeption des Investor Sentiment darauf verzichten, auf „wahre Bewertungen" im Sinne perfekter Voraussicht zukünftiger Zahlungsströme zu referenzieren. So ist beispielsweise für die Abweichung des Wertes eines Portfolios von der Summe seiner Einzelwerte (Closed-End Fund Discount) eine Betrachtung der erwarteten Zahlungsströme nicht notwendig, da diese für beide Varianten identisch sein müssen. Die für die Messung des Investor Sentiment herangezogenen Indikatoren sind somit Resultate von in der Gegenwart beobachtbarem Marktverhalten. Durch diese Vorgehensweise kann das Induktionsproblem vermieden werden. Dies führt neben dem erkenntnistheoretischen Fortschritt bei der Modellbildung zu einer besseren Operationalisierbarkeit von Investor Sentiment im Vergleich zu einer Vorgehensweise, bei der in das Modell nicht beobachtbare Erwartungsgrößen eingebaut werden.

Die (Selbst-)Beschränkung des Modells auf den makroökonomischen Bereich kann auch als eine weitere Vorgehensweise betrachtet werden, wie mit dem Aggregationsproblem in einem theoretischen Marktmodell umgegangen wird. Während in der Effizienzmarkthypothese (begründet durch das Rationalitätskonzept) und in anderen Behavioral-Finance-Modellen (begründet durch das Konzept des repräsentativen

Investors) die Identität von Individualverhalten und Marktverhalten postuliert wird, wird das Individualverhalten im Investor-Sentiment-Konzept von Baker und Wurgler aufgrund der angenommenen Diversität der möglichen Verhaltensweisen von der Betrachtung ausgeklammert.

Durch die Ausklammerung des Individualverhaltens bleibt allerdings die Frage offen, wie das Marktergebnis durch das Zusammenwirken der einzelnen Marktteilnehmer zustande kommt, das heißt es ist unklar, was auf der Individualebene unter Investor Sentiment im Sinne von Baker und Wurgler zu verstehen ist (zum Beispiel ein emotionaler Zustand, eine Einstellung, eine Erwartungshaltung, Urteilsheuristiken bei der Bewertung oder ein Sammelbegriff für Alles, was nach der ökonomischen Theorie als „irrational" betrachtet wird) und wie sich Investor Sentiment auf das Verhalten des Einzelnen und die Interaktionen der Marktteilnehmer untereinander auswirkt.

Dieses Fehlen eines theoretischen Konzepts zum Aggregationsproblem kann in Verbindung mit den komplexen quantitativen Erhebungsmethoden zu ähnlichen Interpretationsschwierigkeiten führen, wie sie bereits bei früheren Diskussionen zwischen Vertretern der Effizienzmarkthypothese und der Behavioral Finance zutage getreten sind (siehe Abschn. 5.1.2). So ermittelt beispielsweise Spyrou (2012, S. 1633) in einer Studie, dass das Investor Sentiment, gemessen mit dem Konzept von Baker und Wurgler, kaum einen Einfluss auf die zukünftigen Erträge von Wertpapieren hat. Die vergangenen und gegenwärtigen Erträge beeinflussen vielmehr das Investor Sentiment. Dergiades (2012, S. 406–407) hingegen verwendet im Gegensatz zu anderen Behavioral-Finance-Studien eine Methodik zur Messung nicht linearer Kausalität und stellt fest, dass das Investor Sentiment nach Baker und Wurgler einen nicht linearen Effekt auf die zukünftigen Erträge von Wertpapieren hat. Chung, Hung und Yeh (2012, S. 217) wiederum finden einen Beleg für die Wirksamkeit des Investor Sentiments nach Baker und Wurgler als Prädiktorvariable für zukünftige Wertpapiererträge in Zeiten wirtschaftlichen Wachstums, die mit ansteigendem Investor Sentiment einhergehen. Für Rezessionszeiten können sie die Vorhersagekraft des Investor Sentiment jedoch nicht nachweisen. Die Ergebnisse scheinen somit je nach verwendeter Methodik und einbezogener Variablen instabil zu sein, weswegen bereits in der zuvor erwähnten Diskussion von „Data Mining" die Rede war (siehe Abschn. 5.1.2).

Im Gegensatz zu Baker und Wurgler, die ihren Sentiment-Index durch die Orthogonalisierung zu makroökonomischen Variablen von ökonomischen Einflüssen unabhängig machen wollten, fanden Sibley, Xing und Zhang (2012, S. 1–4) Zusammenhänge des Sentiment-Index mit makroökonomischen Variablen, die den Konjunkturzyklus charakterisieren, sowie mit Risikovariablen. Damit stellt sich die Frage, ob der Investor Sentiment-Index tatsächlich von behavioralen Variablen oder doch von ökonomischen Variablen beeinflusst wird.

Die Interpretationsschwierigkeiten in Bezug auf das Investor-Sentiment-Modell dürften somit zumindest teilweise durch die Forschungsmethodik bedingt sein, bei der makroökonomische Variablen (Aggregate) wie Marktpreise und Investor Sentiment miteinander korreliert werden, ohne dass theoretisch geklärt ist, wie diese Aggregate zustande kommen.

5.3 Zusammenfassung und Erkenntnisse für die Modellbildung

In den Kap. 3 und 4 wurde herausgearbeitet, dass die Verwendung des ökonomischen Effizienzkonzepts zu schwerwiegenden erkenntnistheoretischen Problemen bei der Bildung von Finanzmarktmodellen führt. Bei einem Verzicht auf das Effizienzkonzept können zwar prinzipiell alternative Modelle konzipiert werden, die vorhandene Daten wie die Unprognostizierbarkeit von Marktpreisverläufen erklären (siehe Abschn. 4.3.2). Es müssen jedoch von Neuem die Fragen geklärt werden, wie die individuellen Strategien der Marktteilnehmer charakterisiert werden können (auf welche Weise Informationen zur Bewertung von Wertpapieren herangezogen werden) und wie das Aggregationsproblem gelöst werden kann (das heißt wie die individuellen Bewertungen zu einem Marktergebnis aggregiert werden).

Die analysierten Beispiele aus der Behavioral-Finance-Forschung zeigen, dass keine Methoden entwickelt wurden, wie adäquat mit der Diversität von Investorenpopulationen umgegangen werden kann. Bevorzugte Lösungen für das Aggregationsproblem sind die Gleichsetzung des individuellen Investorenverhaltens mit dem Marktverhalten durch das Konzept des repräsentativen Investors oder die Negierung von individuellem Investorenverhalten durch die Beschäftigung mit aggregierten Gesamtmarktvariablen wie Investor Sentiment. Damit übernimmt die Behavioral Finance in Bezug auf das Aggregationsproblem eine Marktmodellierungsstrategie, die von Hayek für die Ökonomie mit „to assume the problems away" geschildert wurde (siehe Abschn. 3.2.1), das heißt eine Marktmodellierungsstrategie, bei der grundlegende Charakteristika der zu beschreibenden Problemstellung mithilfe der Modellannahmen ausgeblendet werden.[12]

Der von der Behavioral Finance kritisierte Rationalitäts- und Effizienzbegriff der Ökonomie findet über den „Umweg" von Bias-Modellen des individuellen Investorenverhaltens ebenfalls einen Platz in den Marktmodellen der Behavioral Finance. Damit sind diese Behavioral-Finance-Modelle auch so konzipiert, als ob der Induktionsschluss und damit eine perfekte Voraussicht und in weiterer Folge Wertpapierbewertung prinzipiell möglich wäre – die Investoren „verschätzen" sich dabei allerdings systematisch. Bei einer auf diese Weise angelegten Konzeption von individuellen Investorenstrategien wird ein weiteres grundlegendes Merkmal von Finanzmärkten bei der Modellbildung ausgeblendet: Die Unsicherheit[13] der Investoren bezüglich der Zukunft und wie die Investoren mit dieser Unsicherheit umgehen.

---

[12]Ein einzelner Investor oder repräsentativer Investor kann Wertpapiere nicht „mit sich selbst" handeln, sondern nur mit anderen Investoren, die gegensätzliche Kaufs- und Verkaufsinteressen vertreten. Die Heterogenität der Marktteilnehmer ist daher essentielle Voraussetzung für das Zustandekommen eines Marktpreises.

[13]Hier ist Unsicherheit im Knightschen Sinne gemeint, das heißt, dass dem einzelnen Marktteilnehmer nicht alle möglichen zukünftigen Ereignisse und die diesen Ereignissen zuordenbaren Wahrscheinlichkeiten bekannt sind.

Eine Möglichkeit, das Induktionsproblem aus der Modellbildung nicht auszuschließen oder scheinbar zu „lösen", sondern in das Marktmodell zu integrieren, besteht darin, den jeweiligen Umgang mit dem Induktionsproblem als Beschreibungsmerkmal für die individuellen Investorenstrategien heranzuziehen. Wie bereits kurz im Zuge der Beschreibung des Modells von Hong und Stein (siehe Abschn. 5.1.1) erwähnt, lassen sich Investorenstrategien gut anhand der Informationsverwendung durch die Investoren charakterisieren. Ob Investoren „induktiv" (vergangene) Informationen direkt in die Zukunft extrapolieren oder ob aus vergangenen Informationen „Regeln" abgeleitet wurden, wie neu einlangende Informationen zu bewerten sind, kann daher als ein generelles Beschreibungs- und Unterscheidungsmerkmal von Investorenstrategien formuliert werden (Näheres dazu in Kap. 7).

Für die Bearbeitung des Aggregationsproblems im Sinne einer verhaltenswissenschaftlich orientierten Finanzwirtschaft fehlen zunächst theoretische Überlegungen, welche grundsätzlichen Ausprägungen von Investmentstrategien unter einer Populationsperspektive möglich sind. Die häufige Unterscheidung zwischen „rationalen" und „irrationalen" Investoren ist aus den erwähnten Problemen des ökonomischen Rationalitäts- und Effizienzbegriffs zu diesem Zweck ungeeignet; andere Unterscheidungen wie die Unterscheidung von Hong und Stein (2005) zwischen den auf Basis von fundamentalen Informationen agierenden „Newswatchers" und den „Momentum Traders", die versuchen, Trends zu erkennen, ist zwar besser geeignet, jedoch für die Beschreibung der Population zu undifferenziert (nur eine Unterscheidung, das heißt nur zwei Arten von Investoren) und unsystematisch[14].

Darüber hinaus ist es fraglich, ob die vorherrschenden Untersuchungsmethoden in der Behavioral Finance die Komplexität bei der Bearbeitung des Aggregationsproblems bewältigen können, die durch heterogene Investorenstrategien entstehen. Der Vergleich der Ergebnisse von formalen Modellen, wie sie beispielsweise zu Unter- und Überreaktionen von Investoren gebildet wurden, mit tatsächlichen Marktdaten ist kaum möglich, weil die komplexen Interaktionseffekte zwischen den unterschiedlichen Investmentstrategien nicht formalisiert werden können. Es bleiben somit, insbesondere für die Untersuchung von Kausalrelationen zwischen Investorenstrategien und Marktentwicklungen, Methoden wie Simulationen im Rahmen von Experimenten oder Computersimulationen.

In einem kurzen Exkurs (Kap. 6) wird daher zunächst gezeigt, wie unterschiedliche individuelle Investmentstrategien in Computersimulationen (sogenannten agentenbasierten Modellen) dargestellt und zu einem Marktergebnis aggregiert werden können. Aufbauend auf den theoretischen Erörterungen und der Erkenntnis, dass das Aggregationsproblem heterogener Investmentstrategien zumindest mit der Methode von Finanzmarktsimulationen bearbeitbar ist, wird im Kap. 7 eine Typologie zur Charakterisierung von Investorenstrategien im Rahmen einer Populationsperspektive entwickelt.

---

[14]In Kap. 7 werden drei grundsätzliche Variablen zur Charakterisierung von Investmentstrategien auf Basis der vorherigen theoretischen Erläuterungen vorgeschlagen; eine davon inkludiert die Unterscheidung von Hong und Stein.

Literatur

Baker, M., & Stein, J. C. (2004). Market liquidity as a sentiment indicator. *Journal of Financial Markets, 7*(3), 271–299.

Baker, M., & Wurgler, J. (2000). The equity share in new issues and aggregate stock returns. *Journal of Finance: Journal of the American Finance Association, 55*(5), 2219–2257.

Baker, M., & Wurgler, J. (2004). A catering theory of dividends. *Journal of Finance: Journal of the American Finance Association, 59*(3), 1125–1165.

Baker, M., & Wurgler, J. (2006). Investor sentiment and the cross-section of stock returns. *Journal of Finance: Journal of the American Finance Association, 61*(4), 1645–1680.

Baker, M., & Wurgler, J. (2007). Investor sentiment in the stock market. *Journal of Economic Perspectives, 21*(2), 129–151.

Baker, M., Wurgler, J., & Yuan, Y. (2012). Global, local, and contagious investor sentiment. *Journal of Financial Economics, 104*(2), 272–287.

Barberis, N., Shleifer, A., & Vishny Robert W. (2005). A model of investor sentiment. In R. H. Thaler (Hrsg.), *Advances in behavioral finance* (The Roundtable series in behavioral economics, S. 423–459). New York: Russell Sage Foundation.

Beer, F., & Zouaoui, M. (2013). Measuring stock market investor sentiment. *Journal of Applied Business Research, 29*(1), 51–67.

Boland, L. A. (2003). *The foundations of economic method* (Routledge INEM advances in economic methodology, 2. Aufl.). London: Routledge.

Chung, S.-L., Hung, C.-H., & Yeh, C.-Y. (2012). When does investor sentiment predict stock returns? *Journal of Empirical Finance, 19*(2), 217–240.

Daniel, K., Hirshleifer, D., & Subrahmanyam, A. (2005). Investor psychology and security market under- and overreaction. In Thaler (Hrsg.), *Advances in Behavioral Finance* (S. 460–501).

Dergiades, T. (2012). Do investors' sentiment dynamics affect stock returns? Evidence from the US economy. *Economics Letters, 116*(3), 404–407.

Edwards, W. (1968). Conservatism in human information processing. In B. Kleinmuntz (Hrsg.), *Formal representation of human judgment. The third of an annual series of symposia in the area of cognition* (S. 17–52). New York: Wiley.

Fama, E. F. (1998). Market efficiency, long-term returns, and behavioral finance. *Journal of Financial Economics, 49*(3), 283–306.

Frankfurter, G. M., & McGoun, E. G. (2002). Resistance is futile: The assimilation of behavioral finance. *Journal of Economic Behavior & Organization, 48*(4), 375–389.

Friedman, M. (1953). The methodology of positive economics. In M. Friedman (Hrsg.), *Essays in positive economics* (S. 3–43). Chicago: The University of Chicago Press.

Gigerenzer, G., & Goldstein, D. G. (1996). Reasoning the fast and frugal way. *Models of bounded rationality. Psychological Review, 103*(4), 650–669.

Hirshleifer, D. (2001). Investor psychology and asset pricing. *Journal of Finance: Journal of the American Finance Association, 56*(4), 1533–1597.

Hirshleifer, D. (2003). Herd behavior and cascading in capital markets: A review and synthesis. *European Financial Management, Vol. 9, No. 1 (March 2003): pp. 25–66, 9*(1), 25–66.

Hong, H., & Stein, J. C. (2005). A unified theory of underreaction, momentum trading, and overreaction in asset markets. In R. H. Thaler (Hrsg.), *Advances in behavioral finance* (The Roundtable series in behavioral economics, S. 502–540). New York: Russell Sage Foundation.

Hribar, P., & McInnis, J. (2012). Investor sentiment and analysts' earnings forecast errors. *Management Science, 58*(2), 293–307.

Kirman, A. P. (1992). Whom or what does the representative individual represent? *Journal of Economic Perspectives, 6*(2), 117–136.

Laborda, R., & Olmo, J. (2014). Investor sentiment and bond risk premia. *Journal of Financial Markets, 18*, 206–233.

Lee, C. M. C., Shleifer, A., & Thaler, R. H. (1991). Investor sentiment and the closed-end fund puzzle. *Journal of Finance: Journal of the American Finance Association, 46*(1), 75–109.

Maymin, P. Z. (2011). The minimal model of financial complexity. *Quantitative Finance, 11*(9), 1371–1378.

Maymin, P. Z. (2013). Schizophrenic representative investors. *Complex Systems, 22*, 61–73.

Ritter, J. R. (1991). The long-run performance of initial public offerings. *Journal of Finance: Journal of the American Finance Association, 46*(1), 3–27.

Mian, G. M., & Sankaraguruswamy, S. (2012). Investor sentiment and stock market response to earnings news. *Accounting Review, 87*(4), 1357–1384.

Shefrin, H. (2008). *A behavioral approach to asset pricing* (Academic Press advanced finance series, 2. Aufl.). Amsterdam: Academic Press/Elsevier. http://lib.myilibrary.com/detail.asp?ID=332161.

Shleifer, A. (2000). *Inefficient markets. An introduction to behavioral finance* (Clarendon lectures in economics). Oxford: Oxford Univ. Press.

Sibley, S., Xing, Y., & Zhang, X. (2012). Is ‚sentiment‘ sentimental? *Social Science Research Network Electronic Journal,* 1–67. Verfügbar unter http://ssrn.com/abstract=2176348.

Simon, H. A. (1956). Rational choice and the structure of the environment. *Psychological Review, 63*(2), 129–138.

Simon, H. A. (1979). Rational decision making in business organizations. Lecture delivered in Stockholm, december 8, 1978, when he received the nobel price in economic science. *American Economic Review, 66*(4), 493–513.

Spyrou, S. (2012). Sentiment changes, stock returns and volatility. Evidence from NYSE, AMEX and NASDAQ stocks. *Applied Financial Economics, 22*, 1631–1646.

Subrahmanyam, A. (2007). Behavioural finance: A review and synthesis. *European Financial Management, 14*(1), 12–29.

Thaler, R. H. (Hrsg.). (2005). *Advances in behavioral finance* (The roundtable series in behavioral economics). New York: Russell Sage Foundation.

Tversky, A., & Kahneman, D. (1974). Judgement under uncertainty: heuristics and biases. *Science, New Series, 185*(4157), 1124–1131.

Wurgler, J. (2012). A special issue on investor sentiment: Introduction. *Journal of Financial Economics, 104*(2), 227.

Yu, J., & Yuan, Y. (2011). Investor sentiment and the mean-variance relation. *Journal of Financial Economics, 100*(2), 367–381.

Exkurs: Agentenbasierte Finanzmarktmodelle

6

Zusammenfassung

Agentenbasierte Finanzmarktmodelle weisen eine große Vielfalt unterschiedlichster Investorenstrategien auf. Da die Marktentwicklung in agentenbasierten Modellen von der Zusammensetzung der verwendeten Strategien abhängt, stellt sich die Frage, wie mithilfe dieses Forschungszuganges generalisierbare Erkenntnisse entstehen können. Es wird vorgeschlagen, dass die Vielzahl der möglichen Verhaltensweisen und Strategien aus den unterschiedlichen theoretischen Ansätzen im Rahmen einer Typologie möglicher Verhaltensweisen der Investoren gebündelt wird.

6.1 Heterogene Investmentstrategien in agentenbasierten Finanzmarktmodellen

Agentenbasierte Modelle werden in den Sozialwissenschaften zur Analyse der Funktionsweise von Systemen, beispielsweise politischen oder ökonomischen, eingesetzt. Diese Untersuchungsmethode ist insbesondere dann geeignet, wenn das System sich aus miteinander interagierenden Akteuren zusammensetzt und das System Wirkungen erzeugt, die sich nicht aus der einfachen Aggregation der Eigenschaften ihrer Akteure ableiten lassen. Sind die Interaktionen der Akteure von ihren Erfahrungen aus der Vergangenheit abhängig und adaptieren die Akteure ihre Handlungsweisen auf Basis ihrer Erfahrungen, können die dynamischen Konsequenzen nur sehr begrenzt mithilfe mathematischer Analyse eruiert werden. Agentenbasierte Modelle gehen daher von Annahmen über die Akteure und die Interaktionen zwischen den Akteuren aus und generieren die dynamischen Entwicklungen dann mit Hilfe von Computersimulationen (Axelrod und Tesfatsion 2006, S. 1649–1650).

Die Agenten werden üblicherweise so konstruiert, dass sie bestimmten Regeln folgen, die ihnen sagen, was in der jeweiligen Situation zu tun ist. Wenn das Verhalten der

© Springer Fachmedien Wiesbaden 2016

G. Janous, *Zum Verhältnis von Markt und Individuum auf Finanzmärkten,* Forschung und Praxis an der FHWien der WKW, DOI 10.1007/978-3-658-13724-3_6

Agenten adaptiv konzipiert ist, können sie diese Regeln verändern oder zwischen unterschiedlichen Regeln wählen, indem sie die Regeln beispielsweise auf Basis von gesammelten Informationen über den Erfolg dieser Regeln beurteilen (Hoffmann und Ross 2012, S. 216).

Ein grundsätzliches Ziel von agentenbasierten Modellen kann darin bestehen, empirisch beobachtete Regelmäßigkeiten, die ohne zentralisierte Planung und Kontrolle entstanden sind, zu verstehen. Dabei sollten die Akteure in der computerbasierten Simulation idealerweise die gleichen Handlungsfreiheiten haben wie in der realen Welt und die empirisch beobachteten Regelmäßigkeiten zuverlässig reproduzieren. Indem Parameter des Modells systematisch variiert werden, können zudem potenzielle Entwicklungen aufgezeigt und durch das Verständnis des Möglichkeitsspektrums zur Theoriebildung beigetragen werden. Ein weiteres Ziel kann darin bestehen, die Auswirkungen unterschiedlicher politischer oder ökonomischer Rahmenbedingungen in einer Welt zu verstehen, in der die einzelnen Akteure versuchen, durch strategisches Handeln persönliche Vorteile zu erzielen (Tesfatsion 2006, S. 838–841).

Im Gegensatz zu herkömmlichen ökonomischen Modellen liegt der Fokus der Analyse von agentenbasierten Modellen nicht auf den Gleichgewichtszuständen sondern auf dem Entwicklungsprozess des Systems, der alleine durch die Interaktionen der Akteure entsteht. Zudem verfügen die Akteure über realistischere soziale Fertigkeiten und Lernfähigkeiten und damit über eine höhere Autonomie als der traditionelle Homo Ökonomicus (Tesfatsion 2006, S. 843–844).

Die Arbeit an komplexen dynamischen Systemen hat die Autoren zu vergleichbaren Kritikpunkten an den traditionellen ökonomischen Modellen geführt, wie sie in den vorhergehenden Kapiteln dieses Werkes aus erkenntnistheoretischer Perspektive ausgearbeitet wurden. So betont beispielsweise LeBaron (2006, S. 1190–1193) in Bezug auf ökonomische Finanzmarkttheorien, dass die Grundsatzdebatten in Bezug auf Markteffizienz und Rationalität nach wie vor zu keiner Lösung geführt haben. Die Effizienzmarkttheoretiker konnten nie einen allgemein akzeptierten dynamischen Prozess herausarbeiten, wie es zu Effizienz kommt und es gibt zahlreiche empirische Phänomene, die sich auf Basis von Markteffizienz und rationalen Erwartungen nicht erklären lassen. Laut Hommes (2006, S. 1114) wäre es in einer stabilen, linearen und vorhersagbaren Welt zwar prinzipiell vorstellbar, dass ein repräsentativer Agent langfristig lernt, rationale Erwartungen zu bilden. Doch in einer komplexen, sich nichtlinear entwickelnden Welt ist das Bild von Akteuren, die einfache, approximative Vorhersagestrategien verwenden, besser geeignet.

Vielfalt individueller Strategien in agentenbasierten Finanzmarktmodellen
Agentenbasierte Finanzmarktmodelle weisen – dies ist ein häufiger Kritikpunkt – viele Freiheitsgrade in der Wahl ihrer Parameter auf (LeBaron 2006, S. 1217). Das betrifft auch die Auswahl der Akteure und der Strategien, die den Akteuren in den agentenbasierten Modellen zugewiesen werden. LeBaron (2006, S. 1225–1226) klassifiziert

agentenbasierte Modelle beispielsweise danach, ob die Akteure zwischen wenigen oder vielen Handelsstrategien wählen können. Einfache Modelle mit wenigen Strategien haben den Vorteil, dass kausale Beziehungen zwischen den Strategien und den Resultaten (Marktentwicklungen) besser erkannt werden können. Allerdings werden diese Modelle wegen ihrer ad hoc Auswahl bestimmter Strategien kritisiert. Modelle mit vielen Strategien wirken diesem Problem der Strategieauswahl teilweise entgegen, indem die Strategien mit Hilfe von Lernalgorithmen variiert werden. Hier können die Ergebnisse dann allerdings von der Ausgestaltung der Lernalgorithmen abhängen.

Es gibt in der Literatur über agentenbasierte Modelle jedoch keine prinzipiellen Überlegungen, wie Strategien nach inhaltlichen Kriterien klassifiziert werden können, das heißt anhand welcher Variablen Strategien definiert und wie sie zu Typen zusammengefasst werden können. In vielen agentenbasierten Finanzmarktmodellen wird zwischen zwei grundsätzlichen Typen von Marktteilnehmern unterschieden, Fundamentalisten und Chartanalysten (auch technische Händler oder Trendfolger genannt). Die Fundamentalisten benutzen ökonomische Daten wie Dividenden oder Unternehmenserträge um den Wert der Wertpapiere einzuschätzen[1] und kaufen Wertpapiere, die ihrer Einschätzung nach vom Markt unterbewertet sind sowie verkaufen Wertpapiere, die ihrer Einschätzung nach vom Markt überbewertet sind. Die Chartanalysten hingegen versuchen, aus den Marktpreisverläufen Muster (Trends) herauszulesen und diese auszunützen (Hommes 2006, S. 1116).

Agentenbasierte Modelle mit diesen beiden Strategietypen können bereits komplexe Muster, die zur Beschreibung empirischer Zeitreihen von Finanzdaten auf Tagesbasis verwendet werden, reproduzieren (Hommes 2006, S. 1151). Es sind jedoch auch andere Anwendungsbereiche als die Replikation und Erklärung von Marktentwicklungen denkbar: Westerhoff (2008, S. 223) überprüfte auf Basis eines agentenbasierten Marktmodells mit technischen und fundamentalen Strategien, wie sich unterschiedliche regulatorische Maßnahmen auf die Marktentwicklung auswirken. In seinem Marktmodell konnten Finanztransaktionssteuern, Zentralbankinterventionen (Währungskäufe und -verkäufe) und Handelsunterbrechungen den Markt stabilisieren, das heißt die Preisabweichungen vom Fundamentalwert und die Preisvolatilität reduzieren.

In Modellen mit vielen Strategien steht häufig die Variation und Selektion unterschiedlicher Ausprägungen dieser fundamentalen oder Trendfolge Regeln (evolutionär modelliertes Lernen) im Vordergrund. So können die Akteure im Santa Fe Artificial Stock Market auf unterschiedliche fundamentale oder technische Informationen zugreifen und diese Informationen auf Basis unterschiedlicher Bewertungsregeln für Prognosen verwenden (LeBaron 2006, S. 1204–1206).

Neben der Trennung in fundamentale Strategien und Trendfolge Strategien finden viele weitere Überlegungen bei der Konzeption von individuellen Strategien in den unterschiedlichen Modellen Berücksichtigung. Im Folgenden werden exemplarisch

---

[1]Zur Bewertung anhand fundamentaler Informationen siehe Abschn. 4.2.

einige weitere Strategien angeführt: Händler beobachten die Verhaltensweisen von anderen Händlern und versuchen daraus, auf die Informationen der anderen Händler zu schließen (Chakrabarti und Roll 1999, S. 176); die Händler unterscheiden sich in Bezug auf das Ausmaß ihrer Gedächtnisspanne (Levy et al. 1994, zitiert nach LeBaron 2006, S. 1212); die Händler tauschen mit ihren lokalen Nachbarn Informationen aus und berücksichtigen diese bei der Kaufentscheidung (Iori 2002, S. 271–272); die Händler orientieren sich an ökonomischen Bewertungsmodellen oder unterliegen Urteilsverzerrungen im Sinne der Behavioral Finance (Evstigneev et al. 2008, S. 39); die technischen Händler unterteilen sich in Optimisten und Pessimisten (Lux 1995, S. 883–884).

Kritik agentenbasierter Modelle und Erkenntnisse für die Modellbildung
Agentenbasierte Modelle werden häufig dafür kritisiert, dass die Forscher völlige Freiheit bei der Gestaltung der internen Mechanismen und der Festlegung der Parameterwerte besitzen. LeBaron (2006, S. 1217–1218) nennt drei Maßnahmen zur Verringerung dieser Problematik: Erstens sollen hohe Standards in Bezug auf das Replizieren von empirisch beobachteten Mustern in Finanzdaten angelegt werden (das heißt es werden auch Aspekte berücksichtigt, die von den herkömmlichen ökonomischen Modellen nicht abgedeckt werden). Zweitens sollen möglichst viele Parameter unter evolutionäre Kontrolle gestellt werden (das heißt die optimalen Ausprägungen der Parameter kristallisieren sich im Modell durch Selektion heraus). Drittens sollen Ergebnisse von ökonomischen Humanexperimenten verwendet werden, um realitätsnähere Lerndynamiken in den agentenbasierten Modellen erzeugen zu können.

Folgt man der wissenschaftstheoretischen Argumentation von Friedman (1953, S. 11–12), dann könnte ein weiterer Grund für die hohe Beliebigkeit bei der Gestaltung von agentenbasierten Modellen darin liegen, dass ein „Theoriedefizit" besteht, das heißt dass die Kategorien des „analytischen Ordnungssystems", welches die Wissenschaft für die Hypothesenbildung über Investorenverhalten zur Verfügung stellen sollte, nicht ausreichend formuliert, spezifiziert oder (im Sinne von tautologischer Vollständigkeit) logisch voneinander abgegrenzt sind. So scheint die häufige Unterscheidung der Investorenpopulation in „Fundamentalisten" und „Chartanalysten" auf eine bedeutsame Dimension des Investorenverhaltens zu verweisen. Jedoch bleiben bei einer solchen Klassifikation Fragen offen, zum Beispiel:

• Wie sind Investoren einzustufen, die weder Chartinformationen noch Fundamentalinformationen verwenden (sodass im Sinne der Vollständigkeit jeder Investor anhand der Variable „verwendete Informationen" klassifiziert werden kann)?
• Ist es ausreichend, Investoren anhand der Variable „verwendete Informationen" zu klassifizieren oder bedarf es zusätzlicher Variablen (zum Beispiel auf welche Weise die Informationen verarbeitet werden)?

Zusätzlich zu dem Problem der Beliebigkeit weisen agentenbasierte Finanzmarktmodelle weitere Probleme auf, beispielsweise die geringe Anzahl an gehandelten Wertpapieren, die Veränderung der Marktdynamik durch das Hinzufügen neuer Strategien, die Veränderung der Marktdynamik bei einer sehr hohen Anzahl an Agenten oder das Vorherrschen von vorwiegend induktiv konzipierten Strategien (LeBaron 2006, S. 1222–1225).

Die Vielfalt der Probleme bei der Konzeption von Finanzmarktmodellen lässt den Schluss zu, dass bei der Erarbeitung einer Typologie im Bereich individueller Investorenstrategien darauf zu achten ist, dass diese beim Einsatz unterschiedlicher wissenschaftlicher Methoden Verwendung finden kann, um so den Schwächen der einzelnen Ansätze mit Methodenvielfalt begegnen zu können. Wie LeBaron (2006, S. 1217–1218) weist auch Duffy (2006, S. 1004) darauf hin, dass sich insbesondere Experimente mit menschlichen Versuchspersonen besonders gut als komplementäre Methode für agentenbasierte Modelle eignen.

Literatur

Axelrod, R., & Tesfatsion, L. (2006). A guide for newcomers to agent-based modeling in the social sciences. In L. Tesfatsion & K. L. Judd (Hrsg.), *Handbook of computational economics. Volume 2. Agent-based computational economics.* Bd. 13. Handbooks in economics (S. 1647–1659). Amsterdam: Elsevier.

Chakrabarti, R., & Roll, R. (1999). Learning from others, reacting, and market quality. *Journal of Financial Markets, 2*(2), 153–178.

Duffy, J. (2006). Agent-based models and human subject experiments. In L. Tesfatsion & K. L. Judd (Hrsg.), *Handbook of computational economics. Volume 2. Agent-based computational economics:* Bd. 13. Handbooks in economics (S. 949–1011). Amsterdam: Elsevier.

Evstigneev, I. V., Hens, T., & Schenk-Hoppe, K. R. (2008). Evolutionary Finance (Research Paper Series 08–14): Swiss Finance Institute. http://papers.ssrn.com/sol3/papers.cfm?abstract_id=1155014. Zugegriffen: 25. Aug. 2010.

Friedman, M. (1953). The methodology of positive economics. In M. Friedman (Hrsg.), *Essays in positive economics* (S. 3–43). Chicago: The University of Chicago Press.

Hoffmann, B., & Ross, M. W. (2012). Agentenbasierte Modelle in der Makroökonomik: Potenziale und Probleme. In M. Held (Hrsg.), *Lehren aus der Krise für die Makroökonomik (Jahrbuch Normative und institutionelle Grundfragen der Ökonomik)* (Bd. 11, S. 213–233). Marburg: Metropolis.

Hommes, C. H. (2006). Heterogeneous agent models in economics and finance. In L. Tesfatsion & K. L. Judd (Hrsg.), *Handbook of computational economics. Volume 2. Agent-based computational economics:* Bd. 13. Handbooks in economics (S. 1109–1186). Amsterdam: Elsevier.

Iori, G. (2002). A microsimulation of traders activity in the stock market. The role of heterogeneity, agents' interactions and trade frictions. *Journal of Economic Behavior & Organization, 49*(2), 269–285.

LeBaron, B. (2006). Agent-based computational finance. In L. Tesfatsion & K. L. Judd (Hrsg.), *Handbook of computational economics. Volume 2. Agent-based computational economics:* Bd. 13. Handbooks in economics (S. 1187–1233). Amsterdam: Elsevier.

Levy, M., Levy, H., & Solomon, S. (1994). A microscopic model of the stock market. Cycles, booms, and crashes. *Economics Letters, 45*(1), 103–111.

Lux, T. (1995). Herd behaviour, bubbles and crashes. *Economic Journal, 105*(431), 881–896.

Tesfatsion, L. (2006). Agent-based computational economics. A constructive approach to economic theory. In L. Tesfatsion & K. L. Judd (Hrsg.), *Handbook of computational economics.* *Volume 2. Agent-based computational economics:* Bd. 13. Handbooks in economics (S. 831–880). Amsterdam: Elsevier.

Westerhoff, F. H. (2008). The use of agent-based financial market models to test the effectiveness of regulatory policies. *Jahrbücher für Nationalökonomie und Statistik, 228*(2/3), 195–227.

Entwicklung einer Investorentypologie zur Charakterisierung von Marktentwicklungen

Zusammenfassung

Auf Basis der theoretischen Erörterungen werden drei grundlegende Dimensionen des Investorenverhaltens identifiziert. Die jeweiligen Extrempole der Investorendimensionen werden beschrieben und diskutiert, welche Marktentwicklungstendenzen vom jeweiligen Investorentyp ausgehen. Darüber hinaus werden Hypothesen zur Erklärung der (Un)prognostizierbarkeit von Marktentwicklungen, zum Verständnis von „Excess Volatility", zur Beschreibung unterschiedlicher Ursachen von Marktkrisen und zur Gewinnung von Ansatzpunkten für Marktregulierungsmaßnahmen mithilfe der neuen Investorentypologie formuliert.

Wenn es das Ziel ist, Finanzmarktentwicklungen auf Basis der individuellen Verhaltensweisen und Strategien der Marktteilnehmer zu verstehen, muss zunächst geklärt werden, welche Aspekte des Investorenverhaltens dazu geeignet erscheinen, einen wesentlichen Einfluss auf das Marktergebnis auszuüben. Wie in der bisherigen Darstellung geschildert, spielen Erwartungen bezüglich zukünftiger Entwicklungen in den drei theoretischen Ansätzen (Effizienzmarkthypothese, Behavioral Finance, agentenbasierte Modelle) eine wesentliche Rolle für das Entscheidungsverhalten der Finanzmarktteilnehmer. Daraus kann gefolgert werden, dass die Modellierung des individuellen Investorenverhaltens einen adäquaten Umgang mit dem Problem der Induktion erfordert.

Aufgrund des Problems der Induktion, das heißt der Unbestimmtheit der Zukunft, können die Marktteilnehmer unterschiedliche (heterogene) Zukunftserwartungen ausbilden. Sie können dabei unterschiedliche Arten von Informationen verwenden und diese Informationen auf unterschiedliche Weise bei der Erwartungsbildung einsetzen. Die Prinzipien der Erwartungsbildung (die individuellen Bewertungsregeln) können von den Marktteilnehmern verändert werden, da sich kein „abschließendes Urteil" über die absolute Richtigkeit einer Strategie bilden lässt.

© Springer Fachmedien Wiesbaden 2016
G. Janous, *Zum Verhältnis von Markt und Individuum auf Finanzmärkten,* Forschung und Praxis an der FHWien der WKW, DOI 10.1007/978-3-658-13724-3_7

Diese Beschreibung des Investorenverhaltens ist jedoch noch sehr allgemein. Die drei Aspekte

- Art der verwendeten Informationen
- Modus der Erwartungsbildung
- Flexibilität der Bewertungsregeln

werden daher in weiterer Folge als „Dimensionen des individuellen Investorenverhaltens" bezeichnet.

Für eine konkretere Beschreibung individuellen Investorenverhaltens im Rahmen von Finanzmarktmodellen sind Überlegungen notwendig, wie die prinzipiellen Möglichkeiten, die den Investoren in Bezug auf diese drei Dimensionen offenstehen, systematisiert werden können. Dazu werden Einsichten aus den drei in diesem Buch vertretenen Ansätzen (Effizienzmarkthypothese, Behavioral Finance, Agentenbasierte Modelle) inklusive der erkenntnistheoretischen Reflexionen miteinander verknüpft.

Eine nahe liegende Möglichkeit, um konzeptionelle oder theoretische Innovationen einzuführen, in denen unterschiedliche Forschungsansätze miteinander verknüpft werden, stellt die Einführung einer Typologie dar (Collier et al. 2012, S. 224). Typologische Ansätze haben zudem den Vorteil, dass die in der Realität beobachtbaren Verhaltensweisen der Menschen (hier: Marktteilnehmer) auf solche Weise systematisiert und beschrieben werden können, dass die gesamte Population erfasst wird (Mandara 2003, S. 132).

Bei Typologien wird ein übergreifendes Konzept (hier: die Marktpreisentwicklung) erklärbar gemacht, indem zunächst die zugrunde liegenden Dimensionen eruiert werden (hier: die Dimensionen des Investorenverhaltens). Durch Kreuztabellierung der Dimensionen (die einzelnen Ausprägungen jeder Dimension werden mit jeder einzelnen Ausprägung der anderen Dimensionen kombiniert) entsteht eine Matrix mit allen theoretisch möglichen Typen (Collier et al. 2012, S. 223). Bei drei Dimensionen und (zumindest) zwei Ausprägungen je Dimension entsteht damit eine $2 \times 2 \times 2$ Matrix, das heißt eine Matrix mit (zumindest) acht Investorentypen.

Für die Erstellung der Investorentypologie werden daher zunächst die einzelnen Dimensionen des Investorenverhaltens getrennt voneinander beschrieben. Dabei wird für jede Dimension des Investorenverhaltens eine Spezifikation vorgeschlagen, die es ermöglicht, grundsätzliche Kategorisierungen des Investorenverhaltens vorzunehmen. Selbstverständlich gäbe es zahlreiche unterschiedliche Möglichkeiten, solche Spezifikationen vorzunehmen. Die Spezifikationen werden daher nach den folgenden Kriterien vorgenommen:

- dem potenziellen Erklärungswert der neuen Investorentypologie für die Variabilität in der Marktpreisentwicklung,

- der Integrierbarkeit bisheriger Erkenntnisse aus Effizienzmarkthypothese, Behavioral Finance und Agentenbasierten Modellen in die neue Investorentypologie sowie
- der Vereinbarkeit der neuen Investorentypologie mit erkenntnistheoretischen Prinzipien.

Anschließend an die Darstellung der spezifizierten Dimensionen des Investorenverhaltens wird auf Basis dieser Spezifikationen die Matrix der Investorentypen erstellt und die von diesen Investorentypen ausgehenden Marktentwicklungstendenzen angeführt.

7.1 Die Dimensionen des individuellen Investorenverhaltens

7.1.1 Die Art der verwendeten Informationen: Selbstreferenzielle versus marktunabhängige Informationen

Ball (2009, S. 16) beschreibt die wesentliche Errungenschaft Famas bei der Formulierung der Effizienzmarkthypothese damit, die Überlegung, dass die Wertpapierpreise von Informationen gesteuert werden, mit dem Wettbewerbsgedanken verknüpft zu haben. Da, wie in den Kap. 2 bis 4 gezeigt wurde, das Effizienzkonstrukt für Finanzmärkte in der vorliegenden Form nicht haltbar ist, muss diese Verknüpfung wieder aufgelöst werden. Es kann somit nur jener Teil von Famas Überlegungen beibehalten werden, dass die Informationen, die von den Investoren verwendet werden, von entscheidender Bedeutung für die Marktpreisentwicklung sind.

Während entsprechend der Effizienzmarkthypothese ausschließlich fundamentale Informationen, das heißt Informationen, die geeignet erscheinen, die zukünftige Ertragskraft von Unternehmen und Wertpapieren einzuschätzen (siehe Abschn. 4.2), von den Investoren herangezogen werden[1], gibt es in der Behavioral-Finance-Literatur zahlreiche Beispiele, dass Menschen ihre Investitionsentscheidungen häufig auf Basis anderer Entscheidungsgrundlagen treffen: Sie imitieren das Verhalten anderer Investoren[2], ziehen Werbeinformationen[3] oder andere (nach der ökonomischen Theorie) irrelevante Informa-

---

[1]Zumindest soll dies für die „rationalen" Investoren gelten, deren Entscheidungen relevant für die Marktpreisentwicklung sind.

[2]„Herdenverhalten" von Investoren lässt sich als Imitationsverhalten verstehen (Spyrou 2013, S. 175).

[3]So beurteilten beispielsweise österreichische Anleger Produkte der „staatlich geförderten Pensionsvorsorge" auf Grund von Werbeinformationen der österreichischen Banken. Dabei wurden (von einem Teil der Befragten) jährlich ausgeschüttete staatliche „Prämien" mit Zinsen verwechselt und demzufolge Produkten mit niedrigerer Gesamtverzinsung der Vorzug gegeben (Vitouch et al. 2007, S. 3–4).

tionen[4] zur Urteilsbildung heran, versuchen „Muster" in Kursdaten zu erkennen[5] oder werden von Panik oder Euphorie angesteckt[6].

Diese und ähnliche theoretische Ansätze können nur durch eine Erweiterung des Informationsbegriffs – über den fundamentalen Informationsbegriff hinaus – in eine Investorentypologie integriert werden. Eine solche Ausweitung des Informationsbegriffs lässt sich anhand der zuvor genannten Beispiele für Behavioral-Finance-Theorien illustrieren:

- Investoren, die Erfolg versprechende Strategien anderer Marktteilnehmer nachahmen, verwenden Verhaltensbeobachtungen als Information,
- Investoren, die auf Basis von Produktwerbung handeln, haben ihr kognitives Urteil mit Hilfe von (teilweise) irrelevanten und „nicht-fundamentalen" Informationen gebildet,
- Investoren, die mit Chartanalysen arbeiten, verwenden Kursdaten als Information und
- Investoren, die sich von der Panik anderer Marktteilnehmer anstecken lassen, reagieren auf affektive Reize in ihrer Umgebung.

In diesem Sinne sind Informationen als „Reize" zu verstehen, welche die Investoren kognitiv oder affektiv verarbeiten und bei ihrer Urteilsbildung heranziehen.

Für die Systematisierung dieser Informationen kann ebenfalls auf bestehende theoretische Ansätze zurückgegriffen werden. Wie bereits bei agentenbasierten Modellen (siehe Kap. 6) und beim Ansatz von Hong und Stein (siehe Abschn. 5.1.1) geschildert, werden in Bezug auf die Investorenpopulation häufig Investoren, die Fundamentaldaten verwenden („Fundamentalisten"), von Investoren, die Kursdaten verwenden („Chartanalysten", „technische Händler", „Trendfolger"), unterschieden. Diese Differenzierung verweist auf die Möglichkeit zu einer übergeordneten Kategorisierung, in die sich auch andere theoretische Ansätze einordnen lassen.

Auf der einen Seite dieser übergeordneten Kategorie stehen Informationen, die auf den Markt (Kursdaten) oder die Marktteilnehmer (Beobachtungen von Verhaltensweisen oder Strategien anderer Marktteilnehmer, kognitive oder affektive Einflüsse von anderen Marktteilnehmern) bezogen sind. Diese Informationen werden in Anlehnung an Orléan (2005, S. 23) „selbstreferentielle" Informationen genannt.

---

[4]Ein Beispiel für die Verwendung irrelevanter Informationen durch Marktteilnehmer in einem experimentellen Setting findet sich bei Kirchler, Maciejovsky und Weber (2005, S. 91).

[5]Eine solche Vorgehensweise liegt technischen Analysemethoden zu Grunde. Siehe beispielsweise Hoffmann und Shefrin (2014, S. 5).

[6]Fenzl und Pelzmann (2012, S. 63) schließen beispielsweise aus der Literatur zu Herdenverhalten und Ansteckungsprozessen, dass sich Marktteilnehmer häufig der sozialen Beeinflussungsprozesse nicht bewusst sind, die zu einer Synchronisation der Verhaltensweisen führen.

Die ausschließliche Benutzung von selbstreferenziellen Informationen durch Investoren würde bedeuten, dass der Markt die einzige Instanz darstellt, die den Preis bestimmt. Damit könnte der Preis theoretisch jeden beliebigen Wert unabhängig von ökonomischen Einflussfaktoren annehmen (Orléan 2005, S. 23–24). Diese Überlegung deckt sich mit Ergebnissen von agentenbasierten Modellen, dass technische Handelsstrategien typischerweise eine „destabilisierende" Wirkung auf den Markt entfalten (Hommes 2006, S. 1175). Sie stimmt ebenfalls mit Erkenntnissen in der Behavioral-Finance-Forschung überein, dass die Orientierung der Investoren an anderen Marktteilnehmern und die gegenseitige Beeinflussung der Marktteilnehmer wesentlich zur Entstehung von Blasen und Crashs beiträgt[7].

Auf der anderen Seite der übergeordneten Kategorie stehen Informationen, die von Informationsquellen außerhalb des Marktes und der Marktteilnehmer stammen. Diese Informationen werden daher „marktunabhängige" Informationen genannt. Darunter fallen fundamentale Informationen wie Unternehmensdaten oder volkswirtschaftliche Rahmendaten genauso wie nicht fundamentale Informationen (zum Beispiel Werbeinformationen). Bereitet ein Unternehmen beispielsweise einen Börsegang vor, dann stellen sowohl die zur Verfügung gestellten ökonomischen Daten als auch Informationen, die mit dem Image des Unternehmens werben oder an spezifische Motive der Investoren appellieren, marktunabhängige Informationen dar.

Agentenbasierte Modelle zeigen, dass die Verwendung von marktunabhängigen Informationen durch die Marktteilnehmer eine „stabilisierende" Wirkung auf den Markt ausübt (Hommes 2006, S. 1175). Denn die Verwendung von marktunabhängigen Informationen bringt keine sich selbst aufschaukelnden Feedback Prozesse, die in der Behavioral-Finance-Forschung als Erklärungsmodell für die Entstehung von Blasen verwendet werden (Shiller 2003, S. 91), in Gang[8].

Für die Kategorie der verwendeten Informationen ergibt sich damit ein Kontinuum mit den Extrempolen selbstreferenzielle versus marktunabhängige Informationen. Bei der Analyse eines Finanzmarktes können die unterschiedlichen Verhaltensweisen und Strategien der Marktteilnehmer anhand dieses Kontinuums eingeordnet werden. Bestimmte Strategien werden sich dabei relativ eindeutig einem der beiden Extrempole zuordnen lassen. So können Trendfolgestrategien, die ausschließlich mit Kursinformationen arbeiten oder Investoren, die sich von der Panik anderer Marktteilnehmer anstecken lassen, klar dem selbstreferenziellen Extrempol zugeordnet werden. Investoren, die ihre

---

[7]Für einen Überblick siehe Fenzl und Pelzmann (2012).

[8]Marktunabhängige nicht fundamentale Informationen können auch bei der Entstehung von Blasen und Crashs eine Rolle spielen. Von entscheidender Bedeutung ist jedoch die selbstreferenzielle Information, dass solche Informationen von einer großen Zahl von Marktteilnehmern geglaubt und von glaubwürdigen Quellen verbreitet werden – siehe beispielsweise die Verbreitung von nicht fundamentalen Bewertungsmodellen während des Internetbooms (Baigent und Acar 2000, S. 198). Denn nicht fundamentale Informationen werden zu jeder Zeit erzeugt, erhalten aber nur durch die selbstreferenzielle Bestätigung ihre marktbeeinflussende Bedeutung.

Analysen auf Fundamentaldaten aufbauen, werden nahe am Extrempol marktunabhängiger Informationen angesiedelt werden (nicht ganz, denn sie benötigen den Marktpreis
zumindest als Vergleichsinformation, um die Vorteilhaftigkeit eines Kaufs oder Verkaufs
beurteilen zu können). Ebenso können beispielsweise Anleger, die ihre Wertpapiere aus
steuerlichen Überlegungen verkaufen, an diesem Extrempol eingeordnet werden.

Andere Verhaltensweisen und Strategien, die sowohl auf selbstreferenziellen als auch
auf marktunabhängigen Informationen basieren, können zwischen den beiden Extrempolen angesiedelt werden. Ein Beispiel wären Strategien, die beide Arten von Informationen mit Hilfe von neuronalen Netzwerken verarbeiten, um Prognosen zu generieren[9].
Derartige Strategien, die zwischen den beiden Extrempolen liegen, werden in Hinblick
auf ihre Position in der Investorendimension „Art der verwendeten Informationen" nicht
immer klar zu differenzieren sein. Die Unterschiede zwischen einzelnen „gemischten"
Strategien können so klein sein, dass sie untereinander nicht in eine Rangordnung
gebracht werden können. Von ihrem Skalenniveau her stellt diese Investorendimension
somit eine Skala partieller Ordnung dar, das heißt sie ist zwischen Nominal- und Ordi-
nalskala angesiedelt: Es kann eine Ordnungsrelation zwischen einigen, aber nicht zwischen allen Elementen erzeugt werden (Collier et al. 2012, S. 218). Bei empirischen
Analysen von Investorenstrategien wird sich daher anbieten, diese in größere Gruppen
ähnlicher Strategien zusammenzufassen. In der Tab. 7.1 sind die wesentlichen Unterscheidungen in Bezug auf die Art der verwendeten Informationen abschließend überblicksmäßig dargestellt.

7.1.2 Der Modus der Erwartungsbildung: Informationsgesteuerte versus theoriebasierte Erwartungsbildung

Während die Effizienzmarkthypothese noch den Gedanken nahe legte, dass die Informationen entsprechend einer einheitlichen „rationalen" Regel, zum Beispiel einem
Erwartungswertmodell miteinander verknüpft werden (siehe Abschn. 3.1), bedeutet die
Anerkennung des Induktionsproblems, dass es keine „optimale" Methode zur Bewälti-
gung der Unsicherheit der Zukunft gibt. Dies zeigt auch die Wissenschaftsgeschichte. So
findet sich beispielsweise bei Bartelborth (2012) eine Übersicht über zahlreiche probabilistische und nicht probabilistische Methoden, welche die Wissenschaft im Umgang
mit dem Induktionsproblem entwickelt hat, inklusive der Stärken und Schwächen dieser
Ansätze.

Die Marktteilnehmer können daher die Informationen in unterschiedlicher Art und
Weise zur Bildung von Erwartungen heranziehen. Eine naheliegende Möglichkeit, diese
unterschiedlichen Vorgehensweisen bei der Erwartungsbildung zu klassifizieren, liegt
darin, zwischen grundsätzlichen Möglichkeiten zu unterscheiden, wie Menschen versuchen, das Induktionsproblem zu bewältigen.

---

[9]Siehe beispielsweise die Studie von Lam (2004).

Tab. 7.1 Extrempole der Investorendimension „Art der verwendeten Informationen"

Extrempole der Investorendimension	Investorendimension: Art der verwendeten Informationen	
	Selbstreferenzielle Informationen	Marktunabhängige Informationen
Beschreibung	Die Investoren nutzen auf den Finanzmarkt oder die Finanzmarktteilnehmer (Investoren) bezogene Informationen	Die Investoren nutzen Informationen, die außerhalb des Finanzmarktes generiert werden
Beispiele für Informationen	Daten über Marktpreise; Beobachtete Verhaltensweisen, Meinungsäußerungen, emotionale Reaktionen anderer Marktteilnehmer	Fundamentale Informationen; Werbe- und PR Informationen; Steuerlich relevante Informationen
Beispiele für Verhaltensweisen und Strategien, die auf den unterschiedlichen Informationsarten aufbauen.	Technische Handelsstrategien (Chartanalysen, Trendfolgemodelle); Imitationsverhalten; Emotionale Ansteckung; Feedbackprozesse	Fundamentale Handelsstrategien; Transaktionen aus steuerlichen Erwägungen; Beratungskauf (auf Basis von marktexternen Werbe- und PR Informationen)
Marktdynamik	Marktpreisänderungen als Resultat marktinterner Dynamiken; Tendenziell instabilere Marktentwicklung (Blasen, Crashs)	Marktpreisänderungen als Resultat marktexterner Dynamiken; Tendenziell stabilere Marktentwicklung

Die einfachste Möglichkeit, zu Induktionsschlüssen zu kommen, stellen Extrapolationen dar. Dies wird mit einem alternativen Begriff auch konservative Induktion genannt, da hier bei der Fortschreibung der bisherigen Erfahrungen auf die Zukunft keine Begriffe oder Entitäten eingeführt werden, die nicht schon in den bisherigen Beobachtungen enthalten sind. Beispielsweise könnte aus wiederholten Beobachtungen, dass sich Metalle bei Erhitzung ausdehnen, darauf geschlossen werden, dass sich auch das nächste Stück Metall bei Erhitzung ausdehnen wird (spezielle Inferenz) oder dass sich alle Metalle bei Erhitzung ausdehnen (universelle Inferenz) (Bartelborth 2012, S. 16–17).

Eine solche konservative Induktion durch einen Finanzmarktteilnehmer liegt beispielsweise dann vor, wenn dieser aus Steigerungen des Marktpreises in der Vergangenheit auf weitere Steigerungen des Marktpreises in der Zukunft schließt. Bei einer solchen einfachen Vorgehensweise der Extrapolation der selbstreferenziellen Information „Marktpreisänderung" werden keine zusätzlichen Begriffe, Variablen oder theoretischen Konzepte wie zum Beispiel technische Handelsregeln eingeführt, um eine Erwartung auszubilden. In ähnlicher Weise kann ein Marktteilnehmer, der Panikverkäufe anderer Marktteilnehmer beobachtet, die Erwartung ausbilden, dass Panikverkäufe weiterer Marktteilnehmer folgen werden und sich daher ebenfalls zum Verkaufen genötigt sehen.

Einfache Extrapolationen sind ebenso bei marktunabhängigen Informationen möglich. Marktteilnehmer können im Rahmen der Betrachtung von Fundamentaldaten beispielsweise aus vergangenen Erträgen oder Ertragssteigerungen auf zukünftige Erträge oder Ertragssteigerungen schließen. Die Erfahrung, dass mit Hilfe von Wertpapierverkäufen Steuerersparnisse generiert wurden, kann zur Erwartung weiterer Steuerersparnisse in der Zukunft führen.

Allerdings spielen selbst bei einfachsten Extrapolationen Annahmen oder Hintergrundwissen eine Rolle, wenn auch häufig nur in versteckter Form. Denn Menschen versuchen zu unterscheiden, in welchen Situationen es sinnvoll ist zu extrapolieren und wann nicht. Bartelborth (2012, S. 19) nennt als ein Beispiel für derartige Annahmen Endlichkeitsannahmen. So würden die meisten Menschen, sollten sie aus dem 30. Stockwerk eines Hochhauses springen, nach 20 Stockwerken Flug nicht extrapolieren, dass die Angelegenheit für sie weiterhin günstig verlaufen wird. Eine weitere wichtige Annahme betrifft die Anzahl der Beobachtungen, die für eine Extrapolation für notwendig erachtet wird.

Für die Erwartungsbildung der Marktteilnehmer in Finanzmärkten bedeutet das, dass unterschiedliche Marktteilnehmer auch bei einfachsten Extrapolationen anhand der gleichen Informationen zu unterschiedlichen Erwartungen kommen können, da sie ihre Extrapolationen vor dem Hintergrund unterschiedlichen Wissens, unterschiedlicher Annahmen oder unterschiedlicher Einstellungen durchführen. So könnte sich ein („selbstreferentieller") Marktteilnehmer bereits bei der Beobachtung einiger weniger Panikverkäufe genötigt sehen, selbst zu verkaufen, da er die Einstellung besitzt, dass bei einem potenziellen Crash die Schnelligkeit des Handelns und damit ein kurzer Beobachtungszeitraum von entscheidender Bedeutung ist. Ein anderer („selbstreferenzieller")

Marktteilnehmer könnte aufgrund seiner Einstellung, dass „die Nerven zu bewahren" von höherer Bedeutung ist, weitere Beobachtungen abwarten, bevor er handelt.

Dennoch stellen bei einfachen Extrapolationen die verwendeten Informationen einen guten Indikator für die Erwartungsbildung der Marktteilnehmer dar. Denn solange keine zusätzlichen Begriffe, Variablen oder theoretischen Konzepte eingeführt werden, kann es zu keiner „Trendumkehr" kommen – das heißt es können keine den verwendeten Informationen zuwiderlaufenden Tendenzen antizipiert werden. Im Beispiel der Beobachtung von Panikverkäufen bedeutet das, dass die unterschiedlichen („selbstreferentiellen") Marktteilnehmer, die ihre Erwartungen auf Basis einfacher Extrapolationen bilden, zwar in den Zeitpunkten differieren können, in denen sie ihre Verkaufsentscheidung treffen. Das Fehlen von „theoretischen Konzepten" bei der Bewertung (wie beispielsweise ein Modell, das besagt, dass „auf jeden Crash ein Aufschwung folgt") verhindert jedoch, dass („selbstreferentielle") Marktteilnehmer gegenläufig zur verwendeten Information zur Entscheidung kommen können, zu kaufen. Dieser einfache Modus der Erwartungsbildung, bei dem die Induktionsschlüsse ohne Hinzufügen weiterer Begriffe, Variablen oder Theorien auf Basis der verwendeten Informationen gezogen werden, wird daher als „informationsgesteuerte Erwartungsbildung" bezeichnet. Bei dieser Form der Erwartungsbildung durch die Marktteilnehmer sind somit die Entwicklungstendenzen des Marktes im Wesentlichen durch die verwendeten Informationen bestimmt.

Den anderen Extrempol in Bezug auf die Erwartungsbildung stellen Marktteilnehmer dar, die sich für ihre Induktionsschlüsse umfangreicher theoretischer Modelle bedienen. Dieser Modus der Erwartungsbildung wird daher als „theoriebasierte Erwartungsbildung" bezeichnet, da die Marktteilnehmer mehr oder weniger komplexe Regeln zur Transformation der Informationen in Induktionsschlüsse heranziehen.

Solche Regelsysteme, nach denen Kauf- und Verkaufsentscheidungen getroffen werden, können in automatisierter (computerisierter) Form vorliegen. In der finanzwirtschaftlichen Literatur wird dies mit Begriffen wie automatisierter Handel, algorithmischer Handel oder Hochfrequenzhandel beschrieben (Kumiega und Van Vliet 2012, S. 52–55).

In diesem Zusammenhang dürfen jedoch andere Eigenschaften des Hochfrequenzhandels wie die hohe Geschwindigkeit der Transaktionen[10] nicht mit theoriebasierter Erwartungsbildung vermengt werden. Theoriebasierte Erwartungsbildung ist prinzipiell unabhängig von Geschwindigkeit[11] und Automatisierungsgrad möglich, wenngleich die Automatisierung Vorteile wie die komplexere datenbasierte Kalkulation von Wahrscheinlichkeiten, schnellere und konsistentere Kalkulationen sowie die gleichzeitige Verarbeitung einer Vielzahl von Inputs bietet (Kumiega und Van Vliet 2012, S. 53). So sind beispielsweise Marktteilnehmer, die komplexere Bewertungsmethoden der Fundamentalanalyse

---

[10]Zu den Eigenschaften des Hochfrequenzhandels siehe beispielsweise die Beschreibung der U.S. Securities and Exchange Commission (2010, S. 3606).

[11]Die Geschwindigkeit, mit der Marktteilnehmer ihre Regeln adaptieren, wird im Rahmen der dritten Dimension des Investorenverhaltens unter Abschn. 7.1.3 beschrieben.

einsetzen oder Marktteilnehmer, die auf Basis aufwendiger Regelwerke der technischen Analyse agieren, auch dann der theoriebasierten Erwartungsbildung zuzurechnen, wenn diese Methoden in einer langsameren oder weniger automatisierten Form durchgeführt werden. Die häufigste Form der theoriebasierten Erwartungsbildung dürfte mittlerweile jedoch der Hochfrequenzhandel ausmachen – aktuelle Studien sprechen von einem Anteil von 40 bis 60 % des Handelsvolumens in den USA und Europa (Goldstein et al. 2014, S. 182).

Während bei informationsgesteuerter Erwartungsbildung die verwendeten Informationen einen guten Indikator für die Erwartungsbildung der Marktteilnehmer und in weiterer Folge für die Marktentwicklung darstellen, dürfte es bei theoriegesteuerter Erwartungsbildung der Marktteilnehmer schwieriger sein, verallgemeinerbare Aussagen zu treffen. Zudem gibt es kaum empirische Erkenntnisse zu diesem Thema in der Finanzmarktforschung. Laut LeBaron (2006, S. 1222) ist es beispielsweise in der Forschung zu agentenbasierten Modellen nicht üblich, die Akteure auf Basis komplexerer theoretischer Ansätze handeln zu lassen[12].

Dennoch soll versucht werden, aus vorliegenden vereinzelten Erkenntnissen erste Hypothesen über die Zusammenhänge zwischen theoriebasiertem Modus der Erwartungsbildung und Marktentwicklungen abzuleiten. Goldstein et al. (2014, S. 185–187) nennen vier Typen von Hochfrequenzstrategien: Die automatisierte Bereitstellung von Liquidität (Passives Market Making)[13], Handelsstrategien in Bezug auf die Mikrostruktur des Marktes[14], Handelsstrategien, die von Ereignissen profitieren („Event Arbitrage")[15] und statistisch basierte Handelsstrategien[16].

Während das passive Market Making für die Entwicklung des Marktpreises von nachrangiger Bedeutung sein dürfte, lassen sich die anderen Händlertypen entsprechend ihrer Informationsverwendung einordnen. Die „Event Arbitrage" Strategien können den Strategien zugerechnet werden, die auf marktunabhängigen Informationen beruhen. Im Gegensatz dazu nutzen die Handelsstrategien in Bezug auf die Mikrostruktur

---

[12]LeBaron spricht von „deduktiven Strategien" und meint damit wohl Induktionsschlüsse, die auf komplexeren theoretischen Modellen zur Verarbeitung der Informationen in Hinblick auf die Erwartungsbildung, Bewertung und Prognoseerstellung beruhen.

[13]Passive Market Maker stellen Liquidität zur Verfügung, um Ungleichgewichte zwischen Angebot und Nachfrage auszugleichen. Als Vergütung profitiert dieser Händlertyp von der Geld-Brief-Spanne (Goldstein et al. 2014, S. 185–186).

[14]Markt Mikrostruktur Händler versuchen Preisentwicklungen zu erkennen und davon zu profitieren, zum Beispiel indem aus den bestehenden Kauf- und Verkaufsaufträgen auf etwaige bevorstehende Aufträge geschlossen wird (Goldstein et al. 2014, S. 186).

[15]Event Arbitrage Händler versuchen durch schnelle Reaktionen auf Nachrichten („fundamentale" Informationen) Profite zu generieren (Goldstein et al. 2014, S. 186–187).

[16]Statistisch ausgerichtete Händler agieren auf Basis der Zusammenhänge zwischen Preisen unterschiedlicher Wertpapiere indem sie versuchen, von Veränderungen dieser Preisrelationen zu profitieren (Goldstein et al. 2014, S. 187).

des Marktes und die statistisch basierten Handelsstrategien Informationen über Markt-preise und das Verhalten von Marktteilnehmern und können damit als selbstreferenziell bezeichnet werden. Die Unterscheidung zwischen der Verwendung von selbstreferenziel-len und marktunabhängigen Informationen ist somit auch für die theoriebasierte Erwar-tungsbildung relevant. Es ist daher zu klären, welche Auswirkungen theoriebasierte Erwartungsbildung auf die Marktentwicklung hat, wenn sie auf marktunabhängige Infor-mationen zurückgreift und wenn sie auf selbstreferenzielle Informationen zurückgreift.

Wenn unter den Marktteilnehmern Einigkeit über das zu verwendende Bewertungs-modell besteht und die Marktteilnehmer auf marktunabhängige Informationen zurück-greifen, kann auch die Marktpreisentwicklung mithilfe dieses Modells erklärt werden. Frankfurter und McGoun (1996, S. 201–202) nennen als Beispiel das Black-Scholes/Merton-Optionspreismodell. Dieses Modell wurde kurz nach der Eröffnung der ersten spezialisierten Optionenbörse publiziert. Bereits kurz danach wurden die Preise von den Händlern mithilfe des Black-Scholes/Merton-Modells bestimmt und damit entsprachen die Marktpreise diesem Modell[17]. Solange ein einziges Modell für allgemein gültig erkannt wird, werden die Marktpreisänderungen (die Volatilität) somit im Wesentlichen nur durch Änderungen der vom Modell berücksichtigten Informationen bedingt.

Die Finanzkrise liefert ein weiteres Beispiel für die Durchsetzung eines einzelnen Modells, das auf marktunabhängigen Informationen beruht. Laut Salmon (2012) hätte bereits vor der Finanzkrise die niedrige Volatilität der forderungsbesicherten Schuldver-schreibungen (CDOs) ein Warnzeichen sein können. Denn die Bewertung der CDOs beruhte im Wesentlichen auf einem durchgängig verwendeten Gauß-Copula-Modell. Da dieses Modell auf Vergangenheitsdaten basierte, die das Risiko eines allgemeinen Preis-rückganges am Häusermarkt nicht abbildeten, konnte sich die Preisblase ungehindert entfalten[18]. Die niedrige Volatilität der CDOs war hier somit nicht durch die „effiziente" Einschätzung des Risikos, sondern vielmehr durch die einheitliche Verwendung eines Bewertungsmodells für CDOs durch alle Marktteilnehmer bedingt.

Bei der Verwendung marktunabhängiger Informationen sollte eine höhere Diversität der von den Marktteilnehmern verwendeten Bewertungsmodelle demzufolge zu einer höheren Volatilität der Marktpreise führen. Denn während sich bei einem dominieren-den Modell die Preisbewertungen (auf Grund sich verändernder Informationslage) nur im Zeitablauf ändern, können sich bei mehreren Bewertungsmodellen am Markt unter-schiedliche Preisbewertungen aufgrund der unterschiedlichen Bewertungsregeln auch

---

[17]Die Informationen, auf die das Back-Scholes/Merton Optionspreismodell zurückgreift, werden hier als marktunabhängig klassifiziert, da keine Marktdaten von Optionen verwendet werden (son-dern Marktdaten der Basiswerte, zum Beispiel Aktien).

[18]Die verwendeten Informationen werden hier ebenfalls als marktunabhängig eingestuft, da die Preise der CDOs nicht bei der Bewertung verwendet wurden. Das Modell basierte auf Marktprei-sen von Versicherungen gegen das Kreditausfallsrisiko, sogenannten „Credit Default Swaps" (Sal-mon 2012, S. 19).

gleichzeitig ergeben. Somit lässt sich folgende Hypothese für theoriebasierte Bewertung, die auf marktunabhängigen Informationen beruht, formulieren: Wenn die Marktteilnehmer ihre Erwartungen theoriebasiert ausbilden und dabei auf marktunabhängige Informationen zurückgreifen, ist die Marktpreisvolatilität im Mehrere-Modelle-Fall (die Marktteilnehmer verwenden mehrere unterschiedliche Bewertungsmodelle) höher als im Ein-Modell-Fall. Im Mehrere-Modelle-Fall gibt es daher zwei „Quellen" für die Marktpreisvolatilität – die marktunabhängigen Informationen und die unterschiedlichen Bewertungsmodelle der Marktteilnehmer.

Die Idee eines „effizienten Marktes" ähnelt wohl am ehesten diesem Mehrere-Modelle-Fall theoriebasierter Bewertung auf Basis marktunabhängiger Informationen. Durch die Vielzahl der Modelle, die auf teilweise unterschiedliche marktunabhängige Informationen zugreifen, kann eine große Anzahl an Informationen in die Marktpreisbildung einfließen[19]. Da es keine eindeutige Lösung für das Induktionsproblem gibt, stellt dieser Marktpreis jedoch nicht einen „wahren" Marktpreis dar. Es kann allerdings angenommen werden, dass durch das Zusammenspiel unterschiedlicher (marktunabhängiger) Bewertungsmodelle in der Regel eine bessere Bewertung in dem Sinne entsteht, dass die finanzwirtschaftliche Bewertung stärker durch realwirtschaftliche Faktoren beeinflusst wird als dies bei selbstreferenziellen Bewertungsmodellen oder einem einseitigen (marktunabhängigen) Bewertungsmodell gegeben wäre.

Ein allgemeines psychologisches Problem bei der Verwendung von theoriebasierten Modellen, die auf marktunabhängige Informationen wie Fundamentaldaten zurückgreifen, dürfte darin bestehen, dass die Marktteilnehmer ein zu hohes Vertrauen in die Zuverlässigkeit der Verfahren entwickeln. Es werden zwar die Risiken entsprechend der verwendeten (statistischen) Modelle korrekt kalkuliert, aber es werden die Risiken vernachlässigt, die dadurch entstehen, dass die Realität die Modellannahmen „verletzt", das heißt, dass die Realität nicht in allen Fällen mit den getroffenen Modellannahmen übereinstimmt. Taleb (2008, S. 332–333) illustriert dies anhand des Börsencrashs von 1987: Die Finanzmathematiker bewerteten die Risiken auf Basis von Normalverteilungsannahmen. Damit unterschätzten sie (systematisch) die Häufigkeit von extremen Ereignissen und wurden überrascht.

Auf Märkten, in denen die Marktteilnehmer theoriebasiert vorgehen und dabei vorwiegend auf selbstreferenzielle Informationen zurückgreifen, ist die Herausbildung eines Konsenses über ein einheitliches Bewertungsmodell unplausibel. Denn das Wesen von selbstreferenziellen Strategien besteht darin, die Strategien der anderen Marktteilnehmer einzuschätzen und zu antizipieren. Ein einheitliches Bewertungsmodell würde somit dazu führen, dass Marktteilnehmer andere Bewertungsmodelle entwickeln, die von der Ausnutzung des bestehenden Modells profitieren.

---

[19]Diese Sichtweise wirft somit auch ein neues Licht auf die Diskussion zwischen Vertretern der Effizienzmarkthypothese und der Behavioral Finance ob hohe Volatilität (Volatilität, die auf Basis der Informationslage alleine nicht erklärt werden kann) ein Zeichen für „Ineffizienz" wäre. Siehe zum Beispiel Shiller (1981).

Nagel (1995, S. 1313) hat zu dieser Problemstellung ein experimentelles Spiel durchgeführt. Dabei muss jeder Teilnehmer der Versuchsgruppe eine Zahl zwischen 0 und 100 wählen. Der Gewinner ist jener Teilnehmer, dessen Zahl dem Mittelwert aller genannten Zahlen multipliziert mit einem Parameter p am nächsten kommt. Der Wert des Parameters p ist allen Teilnehmern bekannt und liegt zwischen 0 und 1.

Wenn die Teilnehmer davon ausgehen, dass die anderen Teilnehmer per Zufall eine Zahl auswählen, liegt ihre Mittelwertschätzung bei 50 und ihre Antwort daher bei 50*p (1. Iteration). Die Teilnehmer könnten jedoch davon ausgehen, dass die anderen Teilnehmer diese Überlegung ebenfalls durchführen und ihre Zahl daher bei $50*p^2$ ansetzen (2. Iteration). Diese Überlegung könnte so lange weiter geführt werden, bis bei einer hohen Zahl von Iterationen (annähernd) ein Wert von 0 erreicht wird (Nagel 1995, S. 1315). Die meisten Teilnehmer verblieben jedoch mit ihren Entscheidungen in Zahlenbereichen der Iterationsstufen 1 und 2 (Nagel 1995, S. 1325). Dies zeigt, dass in Gruppen mit selbstreferenziellen Bewertungsstrategien kein Konsens über ein einheitliches Bewertungsmodell entsteht.

Wendet man die Erkenntnisse von Nagel auf Marktteilnehmer an, die theoriebasiert auf selbstreferenzielle Informationen zurückgreifen, bedeutet das: Selbst, wenn es so etwas wie einen Konsens über ein adäquates Modell zur Bewertung der Informationen gäbe, würde ein Teil der Marktteilnehmer Strategien entwickeln, die dieses Modell auszunützen versuchen (Iteration 1). Ein anderer Teil der Marktteilnehmer würde Strategien entwickeln, die wiederum diese Ausnützungsstrategien auszunützen versuchen (Iteration 2). Es ist daher anzunehmen, dass in Märkten mit theoriebasiert agierenden Marktteilnehmern, die selbstreferenzielle Informationen verwenden, in der Regel mehrere unterschiedliche theoretische Modelle zum Einsatz kommen.

Dies deckt sich mit der in diesem Kapitel bereits erwähnten Darstellung von Goldstein et al. (2014, S. 185–186), die bei den Hochfrequenzhändlern zumindest zwischen zwei Arten von Modellen unterscheiden, die man den selbstreferenziellen Modellen zurechnen kann: Markt Mikrostruktur Händler und statistisch ausgerichtete Händler.

Eine Konsequenz aus der Anwesenheit derartiger selbstreferenzieller automatisierter Händlertypen besteht darin, dass es zum blitzschnellen Auftreten von Feedback Schleifen zwischen den Marktteilnehmern kommen kann. Kirilenko und Lo (2013, S. 7–11) stellen dies beispielsweise anhand des sogenannten „Flash Crash" (Blitz Crash) dar. Dieser Crash wurde zwar nicht von Hochfrequenzhändlern ausgelöst, aber ein Liquiditätsproblem am Futures-Markt führte durch die Interaktionseffekte der Hochfrequenzhändler dazu, dass innerhalb von 33 min das gesamte U.S. Finanzmarktsystem betroffen war. Kurzfristig kam es zu einem enormen Anstieg des Handelsvolumens und der Volatilität; Accenture wurde plötzlich mit einem Penny pro Aktie gehandelt, Apple mit 100.000 $ pro Aktie.

Demzufolge schließen Goldstein et al. (2014, S. 193–194), dass Hochfrequenzhändler zwar im Normalbetrieb Vorteile wie die Bereitstellung von Liquidität und die Abschwächung von kurzfristiger Volatilität im Tagesverlauf bringen, aber in Extremsituationen zu sehr instabilen Marktsituationen führen können. In diesem Sinne führen die Autoren beispielhaft eine Vielzahl von Pannen an, die in Zusammenhang mit der Automatisierung der Märkte und Handelsstrategien im Zeitraum von 2010 bis 2013 auftraten.

Dies legt die Hypothese nahe, dass theoriebasierte Modelle, die auf selbstreferenzielle Informationen zurückgreifen, zu ähnlichen Effekten am Markt führen können, wie einfache Reaktionen (Extrapolationen) auf selbstreferenzielle Informationen (zum Beispiel klassische Panikreaktionen). Aufgrund der Automatisierung und etwaigen Fehlern oder unvorhergesehenen Entwicklungen im Zuge dieser Automatisierung können diese Effekte am Markt jedoch wesentlich schneller entstehen. Kirilenko und Lo (2013) formulieren dies in Anlehnung an Murphys Gesetz folgendermaßen:

> While financial technology undoubtedly benefits from Moore's Law, it must also contend with Murphy's Law, "whatever can go wrong will go wrong," as well as its technology-specific corollary, "whatever can go wrong will go wrong faster and bigger when computers are involved" (S. 1).

Für detailliertere Prognosen über die Marktentwicklung wäre freilich eine genaue Kenntnis der am Markt verwendeten selbstreferenziellen Modelle notwendig. Die Spezifika der einzelnen Strategien sind jedoch in der Regel unbekannt, da sie aus Wettbewerbsgründen geheim gehalten werden (Kirilenko und Lo 2013, S. 6). Sollten hingegen auf einem Markt mit theoriebasierten selbstreferenziellen Strategien die Funktionsweisen der einzelnen Strategien bekannt sein, könnte man für die jeweilige Situation analysieren, ob ein Ungleichgewicht zwischen Strategien besteht, die auf eine Fortsetzung eines Preistrends setzen gegenüber Strategien, die auf eine Umkehr eines Preistrends setzen. Ein solches Ungleichgewicht könnte dann als Erklärungsfaktor für Blasenbildung und Crashs herangezogen werden.

Die Investorendimension „Modus der Erwartungsbildung" stellt ebenfalls eine Skala partieller Ordnung dar. Zwischen den Extrempolen informationsgesteuerter versus theoriebasierter Erwartungsbildung variiert das Ausmaß, in denen theoretische Elemente (zusätzliche Variablen, Verknüpfungsregeln für die Informationen) herangezogen werden. Bei der Analyse der Marktteilnehmer eines Finanzmarktes wird voraussichtlich nicht zwischen allen Strategien eine Ordnungsrelation in Bezug auf den „Modus der Erwartungsbildung" hergestellt werden können. Daher empfiehlt es sich wiederum, diese in größere Gruppen ähnlicher Strategien zusammenzufassen.

In Tab. 7.2 sind die wesentlichen Unterscheidungen in Bezug auf den Modus der Erwartungsbildung abschließend überblicksmäßig zusammengefasst.

7.1.3 Die Flexibilität der Bewertungsregeln: Flexibilität versus Rigidität der Bewertungsregeln

Wie in Abschn. 4.3.2 angeführt, können vorhersagbare Regelmäßigkeiten in der Marktpreisentwicklung dann entstehen, wenn Marktteilnehmer wiederholt die gleichen

Tab. 7.2 Extrempole der Investorendimension „Modus der Erwartungsbildung"

Extrempole der Investorendimension	Investorendimension: Modus der Erwartungsbildung	
	Informationsgesteuerte Erwartungsbildung	Theoriebasierte Erwartungsbildung
Beschreibung	Die Erwartung wird durch einfache Extrapolation der Informationen in die Zukunft gebildet	Die Erwartung wird mit Hilfe von theoretischen Modellen (beispielsweise komplexen Extrapolationsregeln, Hinzufügen weiterer Variablen) gebildet, die zur Verarbeitung der Informationen eingesetzt werden
Beispiele für informationsgesteuerte versus theoriebasierte Erwartungsbildung	Erwartung von Preissteigerungen aufgrund vergangener Preissteigerungen	Finanzwirtschaftliche Bewertungsmodelle (zum Beispiel Black-Scholes/Merton Optionspreismodell)
	Erwartung von Massenpanik auf Basis der Beobachtung mehrerer Panikverkäufe	Technische Handelsregeln
	Erwartung von Dividendenerhöhungen auf Basis vergangener Dividendenerhöhungen	Automatisierte Handelsstrategien (Algorithmische Handelsstrategien, Hochfrequenzhandel)
Marktdynamik bei Verwendung marktunabhängiger Informationen für die Erwartungsbildung durch die Marktteilnehmer	Marktpreisänderungen als Resultat marktexterner Dynamiken	*Im Ein-Modell-Fall*
		Niedrigere Volatilität solange das Modell „funktioniert"
	Tendenziell stabilere Marktentwicklung als bei Verwendung selbstreferenzieller Informationen	Höheres Krisenpotenzial, wenn das Modell an der Realität scheitert
		Im Mehrere-Modelle-Fall
		Höhere Volatilität als im Ein-Modell-Fall
		Geringeres Krisenpotenzial als im Ein-Modell-Fall

(Fortsetzung)

Tab. 7.2 (Fortsetzung)

	Investorendimension: Modus der Erwartungsbildung	
Marktdynamik bei Verwendung selbstreferenzieller Informationen für die Erwartungsbildung durch die Marktteilnehmer	Marktpreisänderungen als Resultat marktinterner Dynamiken	Marktpreisänderungen als Resultat marktinterner Dynamiken
	Tendenziell instabilere Marktentwicklung (Blasen, Crashs)	Tendenziell instabilere Marktentwicklung (Blasen, Crashs)
		Höhere Geschwindigkeit der Marktentwicklung durch Automatisierung

Bewertungsregeln zur Erwartungsbildung verwenden[20]. Diese Regelmäßigkeiten entstehen nicht, wenn die Marktteilnehmer ihre Bewertungsregeln im Zeitablauf adaptieren. Die beiden Extrempole dieser Investorendimension werden daher durch die Begriffe Flexibilität (die Marktteilnehmer adaptieren häufig ihre Bewertungsregeln) versus Rigidität (die Marktteilnehmer adaptieren ihre Bewertungsregeln nicht) beschrieben.

Diese Adaptierung von Bewertungsregeln kann in Finanzmarktmodellen unterschiedlich abgebildet werden. Da das vorliegende Modell vorwiegend zur Testung von Hypothesen im Rahmen von Finanzmarktexperimenten oder Finanzmarktsimulationen konzipiert ist, wird hier eine Überlegung von Brenner (2006, S. 937) aus dem Bereich agentenbasierter Modelle herangezogen. Brenner unterscheidet zwischen Lernen auf dem individuellen Level und Lernen auf dem Populationslevel. Bei Lernen auf dem individuellen Level wird der Lernprozess jedes einzelnen Individuums berücksichtigt. Lernen auf dem Populationslevel bedeutet hingegen, dass die Auswirkungen unterschiedlicher Situationen auf dem Populationslevel untersucht werden. Als Mischform kann die Population auch in Subpopulationen unterteilt werden, wodurch nur zwischen einzelnen Gruppen und nicht zwischen allen Individuen unterschieden werden muss.

Im vorliegenden Modell können die einzelnen Investorentypen, die durch ihre unterschiedlichen Ausprägungen in den Investorendimensionen charakterisiert sind, als Subpopulationen am Markt betrachtet werden. Wenn individuelle Investoren ihre Strategien adaptieren, indem sie zwischen unterschiedlichen Subpopulationen wechseln (zum Beispiel, wenn sie sich entscheiden, von der Verwendung selbstreferenzieller auf marktunabhängige Informationen umzusteigen), verändert sich der Anteil der jeweiligen Subpopulationen (Investorentypen) am Gesamtmarkt. Die Auswirkungen einer solchen Typen übergreifenden Flexibilität können in experimentellen Settings durch die Variation der Anteile der jeweiligen Investorentypen untersucht werden.

Es ist daher ausreichend, die vorliegende Investorendimension als Wechsel von Bewertungsregeln innerhalb der gegebenen Möglichkeiten des jeweiligen Investorentyps zu verstehen. Beispielsweise könnte ein flexibler Investor, der seine Erwartung informationsbasiert mit Hilfe von marktunabhängigen Informationen ausbildet, zwischen unterschiedlichen marktunabhängigen Informationen bei der Bewertung wechseln. Ein flexibler und theoriebasiert agierender selbstreferenzieller Investor könnte hingegen Regeln seines Trendfolgemodells adaptieren.

Die Möglichkeit des Wechsels von Bewertungsregeln beinhaltet, dass die zeitliche Komponente im Rahmen dieser Investorendimension Berücksichtigung findet. Die zeitliche Komponente von Investmentstrategien wird gegenwärtig insbesondere im Rahmen der Bedeutung von Geschwindigkeit als Wettbewerbsvorteil von Hochfrequenzhändlern diskutiert. Die Geschwindigkeit, mit denen von Hochfrequenzhändlern Marktdaten verarbeitet, Entscheidungen getroffen und Aufträge erteilt werden, bewegt sich bereits

---

[20]Dies gilt selbstverständlich nur dann, wenn diese Marktteilnehmer genügend Marktmacht besitzen, um durch ihre Handlungen den Marktpreis zu beeinflussen.

im Bereich von Mikrosekunden. Dabei wird sowohl eine hohe absolute Geschwindig-keit im Sinne einer kurzen Reaktionszeit als auch eine hohe relative Geschwindigkeit im Sinne eines Geschwindigkeitsvorteils gegenüber den Wettbewerbern angestrebt. Für die Erhöhung der Geschwindigkeit werden beispielsweise Colokationsangebote genutzt, das heißt dass die Hochfrequenzhändler gegen Zahlung einer Gebühr ihre Server in unmittel-barer Nähe des jeweiligen Handelsplatzes aufstellen dürfen, mit dem der Datenaustausch erfolgt (U.S. Securities and Exchange Commission 2010, S. 3610).

Die Unterscheidung zwischen flexiblen und rigiden Bewertungsregeln der Marktteil-nehmer verdeutlicht, dass die Geschwindigkeit nur dann als Wettbewerbsvorteil angese-hen werden kann, wenn der Marktpreis durch rigide Bewertungsregeln beeinflusst wird und dadurch vorhersagbare Regelmäßigkeiten entstehen. Dabei profitieren diejenigen Strategien, die auf Basis der erkannten Regelmäßigkeiten früher auf die relevanten Infor-mationen reagieren. Ein Beispiel stellt der Geschwindigkeitswettbewerb bei der Reak-tion auf Nachrichten dar. Im Zuge der Automatisierung werden Nachrichten mit Hilfe von Techniken zur linguistischen Mustererkennung interpretiert und daraus handelsrele-vante Informationen abgeleitet (Groß-Klußmann und Hautsch 2011, S. 335). Scholtus, Dijk und Frijns (2014, S. 89) fanden beispielsweise, dass die Reaktionszeit auf mak-roökonomische Nachrichten in den USA beim Handel mit S&P 500 Indexfonds unter 300 ms betragen sollte, um keine Verluste gegenüber schnelleren Strategien zu erleiden.

Wird der Markt durch flexible Bewertungsregeln bestimmt, können hingegen keine (wiederkehrenden) Regelmäßigkeiten entstehen. Dieser Gedanke wird beispielsweise in der „Adaptiven Markt Hypothese" zum Ausdruck gebracht: Von Zeit zu Zeit entste-hen Arbitragemöglichkeiten, zum Beispiel durch das Verschwinden alter Strategien, das Auftauchen neuer Strategien oder die Änderung von Umweltbedingungen. Diese Arbi-tragemöglichkeiten werden von den adaptiven Strategien ausgenützt und verschwinden dadurch wieder (Lo 2004, S. 24).

Wie in Abschn. 4.3.2 ausgeführt, müssen den Veränderungen von Bewertungsregeln jedoch nicht bewusste Entscheidungen aufgrund von kognitiven Lernprozessen zugrunde liegen. So können beispielsweise stimmungsabhängige Marktteilnehmer Informationen entsprechend ihrer jeweiligen Stimmungslage unterschiedlich bewerten. Vergangene Erfolge und Misserfolge können ebenfalls die Flexibilität der verwendeten Bewertungs-regeln beeinflussen. Deaves et al. (2010, S. 403) fanden bei einer Untersuchung von Aktienmarktprognosen in Deutschland, dass die Finanzmarkt Fachleute nach Erfolgen in ihren Prognosen rigider (das Konfidenzintervall verkleinerte sich) und nach Misserfolgen flexibler (das Konfidenzintervall vergrößerte sich) wurden.

In Anlehnung an das Grossman Stieglitz Paradoxon (siehe Abschn. 3.2.1) kann ein Markt nicht über längere Zeit ausschließlich von flexiblen oder rigiden Bewertungsre-geln bestimmt werden. Wenn die Marktteilnehmer ihre Bewertungsregeln nicht adaptie-ren, entstehen Regelmäßigkeiten im Marktpreisverlauf, wodurch ein starker Anreiz für die Veränderung der Bewertungsregeln geschaffen wird, um von den Regelmäßigkeiten zu profitieren. Passen alle Marktteilnehmer ihre Bewertungsregeln laufend an, wird der

Tab. 7.3 Extrempole der Investorendimension „Flexibilität der Bewertungsregeln"

	Investorendimension: Flexibilität der Bewertungsregeln	
Extrempole der Investorendimension	Flexibilität	Rigidität
Beschreibung	Die Investoren adaptieren ihre Bewertungsregeln vor jeder Investmententscheidung	Die Investoren adaptieren ihre Bewertungsregeln nie
Beispiele für Ursachen von Flexibilität/Rigidität	Anpassung der Bewertungsregeln auf Basis von Lernprozessen	Annahme der Unprognostizierbarkeit von Marktpreisentwicklungen
	Stimmungsabhängige Unterschiede in der Bewertung von Informationen	Aufwands- und Kostenminimierung bei der Bewertung
	Misserfolgserlebnisse	Erfolgserlebnisse
Beispiele für flexible versus rigide Strategien	Adaptive aktive Handelsstrategien	Passive Anlagestrategien (zum Beispiel Investition in Indexzertifikate)
	Von Stimmung/Investor Sentiment beeinflusste Strategien	Auf Geschwindigkeit basierende aktive (automatisierte) Strategien (Regelmäßigkeiten werden von den Schnellsten ausgenutzt)
Marktdynamik	Unprognostizierbare Marktpreisverläufe	Prognostizierbare Marktpreisverläufe
	Niedrigere Reaktionsgeschwindigkeit auf Informationen	Höhere Reaktionsgeschwindigkeit auf Informationen

Marktpreis unprognostizierbar und es entsteht ein Anreiz, von aktiven auf passive Anlagestrategien umzusteigen, um Kosten zu sparen.

Finanzmärkte werden daher in der Regel aus einer Mischung von Marktteilnehmern mit flexiblen und rigiden Bewertungsstrategien bestehen. Jeder einzelne Marktteilnehmer kann in dieser Investorendimension wiederum auf einem Kontinuum zwischen völliger Rigidität (die Bewertungsregeln werden nie gewechselt) und völliger Flexibilität (die Bewertungsregeln werden vor jeder Investmententscheidung angepasst) angesiedelt werden. Wie bei den beiden anderen Investorendimensionen werden sich die Strategien der einzelnen Marktteilnehmer im Zuge einer Marktanalyse nur teilweise in Hinblick auf das Ausmaß ihrer Flexibilität in eine Rangordnung bringen lassen. Damit kann diese Investorendimension ebenfalls als eine Skala partieller Ordnung angesehen werden und es empfiehlt sich, für empirische Analysen Gruppeneinteilungen von Strategien unterschiedlicher Flexibilität vorzunehmen.

Tab. 7.4 Marktentwicklungstendenzen bei Verwendung marktunabhängiger Informationen durch unterschiedliche Investorentypen

		Modus der Erwartungsbildung		
		Informationsgesteuert	Theoriebasiert	
Flexibilität der Bewertungsregeln	Rigide	Durchschnittliche Volatilität	*Ein-Modell-Fall*	*Mehrere-Modelle-Fall*
		Durchschnittliche Krisenanfälligkeit	Unterdurchschnittliche Volatilität	Durchschnittliche Volatilität
		Regelmäßigkeiten	Überdurchschnittliche Krisenanfälligkeit	Durchschnittliche Krisenanfälligkeit
			Regelmäßigkeiten	Regelmäßigkeiten
	Flexibel	Durchschnittliche Volatilität	*Ein-Modell-Fall*	*Mehrere-Modelle-Fall*
		Durchschnittliche Krisenanfälligkeit	Unterdurchschnittliche Volatilität	Durchschnittliche Volatilität
		Keine Regelmäßigkeiten	Überdurchschnittliche Krisenanfälligkeit	Durchschnittliche Krisenanfälligkeit
			Keine Regelmäßigkeiten	Keine Regelmäßigkeiten

Abschließend sind die wesentlichen Unterscheidungen in Hinblick auf die beiden Extrempole der Investorendimension „Flexibilität der Bewertungsregeln" in Tab. 7.3 überblicksmäßig zusammengefasst.

7.2   Marktentwicklungstendenzen nach Investorentypen

Wie im vorhergehenden Abschnitt beschrieben, können die drei Dimensionen des Investorenverhaltens durch ihre jeweils zwei Extrempole beschrieben werden. Investmentstrategien können sich somit in jeder Dimension entweder an den Extrempolen oder an einer beliebigen Position zwischen den Extrempolen befinden. Zur besseren Veranschaulichung der unterschiedlichen Marktentwicklungstendenzen in Abhängigkeit von den Investorentypen werden jedoch für die Kombination der Investorendimensionen in der Matrix der Marktentwicklungstendenzen nach Investorentypen nur die Extrempole der Investorendimensionen verwendet. Somit entsteht eine Matrix von acht „idealtypischen" Marktentwicklungstendenzen.

Zur besseren grafischen Darstellbarkeit wird die Matrix in zwei Teile geteilt: Die erste Teilmatrix (Tab. 7.4) zeigt die Marktentwicklungstendenzen, die von Investorentypen, die marktunabhängige Informationen verwenden, ausgehen. Die zweite Teilmatrix (Tab. 7.5) zeigt die Marktentwicklungstendenzen, die von Investorentypen, die selbstreferenzielle Informationen verwenden, ausgehen.

Tab. 7.5 Marktentwicklungstendenzen bei Verwendung selbstreferenzieller Informationen durch unterschiedliche Investorentypen

		Modus der Erwartungsbildung	
		Informationsgesteuert	Theoriebasiert
Flexibilität der Bewertungsregeln	Rigide	Überdurchschnittliche Volatilität	Volatilität abhängig von der Art der verwendeten Modelle und der Interaktion der Modelle (Spekulation auf Trendfolge versus Trendumkehr)
		Überdurchschnittliche Krisenanfälligkeit	
		Regelmäßigkeiten	Überdurchschnittliche Krisenanfälligkeit, Möglichkeit von "Blitzkrisen" durch Automatisierung
			Regelmäßigkeiten
	Flexibel	Überdurchschnittliche Volatilität	Volatilität abhängig von der Art der verwendeten Modelle und der Interaktion der Modelle (Spekulation auf Trendfolge versus Trendumkehr)
		Überdurchschnittliche Krisenanfälligkeit	
		Keine Regelmäßigkeiten	Überdurchschnittliche Krisenanfälligkeit, Möglichkeit von "Blitzkrisen" durch Automatisierung
			Keine Regelmäßigkeiten

In Bezug auf Volatilität und Krisenanfälligkeit wird der „Mehrere-Modelle-Fall" bei theoriebasierter Bewertung anhand von marktunabhängigen Informationen als Vergleichsniveau definiert. Die Marktentwicklungstendenzen, die von den anderen Investorentypen ausgelöst werden, sind in Bezug zu diesem Vergleichsniveau gesetzt. Mit Krisenanfälligkeit ist die Gefährdung durch systemische Krisen gemeint, die ohne Intervention von außen nicht mehr bewältigt werden können.

Tab. 7.4 verdeutlicht, dass eine höhere Volatilität kein adäquater Krisenindikator ist, wenn der Markt von Marktteilnehmern dominiert wird, die sich auf die Verwendung marktunabhängiger Informationen beschränken. Denn eine niedrige Volatilität kennzeichnet hier eher eine mangelnde Auseinandersetzung mit Informationen wie ökonomischen Fundamentaldaten, indem ein einseitiges theoretisches Modell durchgängig verwendet wird. Bei einer höheren Diversität der verwendeten Bewertungsmodelle entsteht zwar eine höhere Volatilität, unterschiedliche Risiken können jedoch besser antizipiert und damit im Marktpreis berücksichtigt werden. Ob der Mehrere-Modelle-Fall theoriebasierter Erwartungsbildung günstigere Charakteristika aufweist als ein Markt, bei dem die unterschiedlichen Teilnehmer nach simplen Prinzipien unterschiedliche

Informationen extrapolieren, um zu Bewertungen zu kommen, kann mangels empirischer Erkenntnisse derzeit noch nicht festgestellt werden. Wenn der Marktpreis durch den Einsatz von rigiden Bewertungsregeln bestimmt wird, können vorhersehbare Regelmäßigkeiten im Marktpreisverlauf auftreten und damit Anreize entstehen, die Bewertungsmodelle häufiger zu adaptieren oder sogar auf selbstreferenzielle Bewertungsmodelle umzusteigen (die Informationen über Regelmäßigkeiten in der Marktpreisentwicklung auszunützen).

Beim Vorherrschen von Investorentypen, die selbstreferenzielle Informationen verwenden, stellt die Volatilität einen guten Krisenindikator dar (siehe Tab. 7.5). Würden alle Marktteilnehmer informationsgesteuert agieren (das heißt die vorliegenden Informationen nach einfachen Prinzipien extrapolieren), käme es zu ungebremsten Aufschaukelungsprozessen bei der Marktpreisentwicklung. Bei theoriebasierter Erwartungsbildung ist ein Übergewicht von Investoren, die auf die Fortsetzung eines Trends spekulieren, für die Entstehung von Aufschaukelungsprozessen notwendig. Da theoriebasierte Modelle häufig automatisiert ablaufen, können diese Aufschaukelungsprozesse besonders schnell in Gang kommen. Der flexible Einsatz von selbstreferenziellen Bewertungsregeln wie beispielsweise ein häufiger Wechsel zwischen Modellen, die auf eine Trendumkehr setzen und Modellen, die auf eine Fortsetzung eines Trends setzen, dürfte hingegen zu Unprognostizierbarkeit und damit zu einem Anreiz zur Beendigung selbstreferenzieller Strategien führen.

7.3   Diskussion der Investorentypologie zur Charakterisierung von Marktentwicklungen

Die in diesem Kapitel vorgestellte Investorentypologie wurde speziell zu dem Zweck konzipiert, Aussagen über Finanzmarktentwicklungstendenzen auf Basis des Verhaltens der Marktteilnehmer treffen zu können. Damit versucht dieses Modell, eine Verknüpfung zwischen der Individualebene und der Marktebene herzustellen. Die einzelnen Investorentypen lösen bestimmte Entwicklungstendenzen am Markt aus. Besteht ein Gesamtmarkt aus unterschiedlichen Investorentypen, so kann man sich diesen als eine „Mischung" dieser Entwicklungstendenzen vorstellen. Die Interaktionseffekte, die beim Zusammentreffen mehrerer Investorentypen auftreten, können wohl vor allem empirisch bestimmt werden. Dazu scheinen Methoden wie Experimente oder agentenbasierte Modelle geeignet.

In einem ersten Schritt ist es zunächst jedoch wichtig, die Auswirkungen der einzelnen Investorentypen auf die Marktentwicklung getrennt voneinander zu untersuchen. Denn aufgrund der Probleme des finanzwirtschaftlichen Effizienz- und Rationalitätskonzeptes, von denen – wie beschrieben – auch andere methodische Ansätze wie die Behavioral-Finance-Forschung berührt werden, war es notwendig, (teilweise) neue Begrifflichkeiten zur Beschreibung der Dimensionen des Investorenverhaltens einzuführen. Diesen Begrifflichkeiten der neuen Investorentypologie lassen sich zwar empirische

Befunde aus der Finanzmarktforschung zuordnen. Entsprechend der – in unterschiedlichem Ausmaß – divergierenden Untersuchungsziele und Untersuchungsmethoden der angeführten Studien sowie der damit verbundenen Schwierigkeiten bei der Interpretation der Ergebnisse im Sinne der neuen Investorentypologie, mussten die aufgezeigten Marktentwicklungstendenzen noch recht vage formuliert werden.

Die vorliegende Investorentypologie ist daher als allgemeiner theoretischer Rahmen zu sehen, der es ermöglicht, die Probleme der Induktion und der Diversität von Marktteilnehmern bei der Untersuchung von Finanzmärkten zu berücksichtigen. Die vermuteten Marktentwicklungstendenzen sind erste Hypothesen, die durch empirische Untersuchungen ergänzt, konkretisiert und verändert werden müssen und dadurch einen höheren empirischen Gehalt bekommen.

Auf Basis solcher verbesserten Erkenntnisse über die Auswirkungen der einzelnen Investorentypen lassen sich zahlreiche weitere Untersuchungsziele und Hypothesen formulieren. So könnten (ökonomische, psychologische, soziologische) Einflussfaktoren in Hinblick darauf untersucht werden, für welchen Investorentyp sie förderlich oder hinderlich sind.

Neben den Interaktionseffekten in „gemischten" Märkten könnte die Auswirkung von Marktregulierungsmaßnahmen auf unterschiedliche Investorentypen abgeklärt werden. Die differenziertere Betrachtungsweise nach Investorentypen sollte es beispielsweise ermöglichen, gezielte typen- und situationsspezifische Eingriffsmaßnahmen (anstelle von „Breitband"-Interventionen) zu entwickeln. Damit könnten sich schädliche Einflüsse von Interventionen reduzieren lassen. Beispielsweise könnte zur Regulierung des Hochfrequenzhandels eine „Deklarationspflicht" für automatisierte selbstreferenzielle Strategien eingeführt werden und in weiterer Folge zum Beispiel eine selektive (nur für selbstreferenzielle automatisierte Strategien) und progressive (mit steigender Instabilität des Marktes steigt die Höhe) Finanztransaktionssteuer, um bei instabilen Marktsituationen „problematische" Strategien temporär vom Markt fern zu halten.

Außerdem könnte untersucht werden, durch welche Maßnahmen die Risiken von Konformismus bei der theoriebasierten Nutzung marktunabhängiger Informationen (Ein-Modell-Fall) reduziert werden können. Beispielsweise könnte untersucht werden, ob die Bewusstmachung der Risiken eines spezifischen Bewertungsmodells die zusätzliche Verwendung alternativer Bewertungsmodelle fördert, ob Käufern und Verkäufern von Finanzprodukten vor einer Transaktion Bewertungsergebnisse mehrerer unterschiedlicher Prognosemodelle zur Verfügung gestellt werden sollten oder ob Höchstgrenzen für den Anteil an Transaktionen durch automatisierte Händler festgesetzt werden sollten[21].

---

[21]Es gibt die Hypothese, dass die Strategien algorithmischer Händler stärker korreliert sind als die Strategien menschlicher Händler, das heißt dass die algorithmischen Strategien eine geringere Diversität aufweisen (Chaboud et al. 2014).

Literatur

Ball, R. (2009). The global financial crisis and the efficient market hypothesis. What have we learned? *Journal of Applied Corporate Finance, 21*(4), 8–16.

Baigent, G. G., & Acar, W. (2000). The new economy creed: A case of thought contagion. *Journal of Psychology and Financial Markets, 1*(3–4), 193–199.

Bartelborth, T. (2012). *Die erkenntnistheoretischen Grundlagen induktiven Schließens*. http://www.qucosa.de/fileadmin/data/qucosa/documents/8456/Bartelborth-Induktives-Schliessen-2012.pdf. Zugegriffen: 9. Okt. 2014.

Brenner, T. (2006). Agent learning representation: Advice on modelling economic learning. In L. Tesfatsion & K. L. Judd (Hrsg.), *Handbook of computational economics. Volume 2. Agent-based computational economics*: Bd. 13. Handbooks in economics (S. 895–947). Amsterdam: Elsevier.

Chaboud, A. P., Chiquoine, B., Hjalmarsson, E., & Vega, C. (2014). Rise of the machines: Algorithmic trading in the foreign exchange market. *Journal of Finance, 69*(5), 2045–2084.

Collier, D., LaPorte, J., & Seawright, J. (2012). Putting typologies to work: Concept formation, measurement, and analytic rigor. *Political Research Quarterly, 65*(1), 217–232.

Deaves, R., Lüders, E., & Schröder, M. (2010). The dynamics of overconfidence: Evidence from stock market forecasters. *Journal of Economic Behavior & Organization, 75*(3), 402–412.

Fenzl, T., & Pelzmann, L. (2012). Psychological and social forces behind aggregate financial market behavior. *Journal of Behavioral Finance, 13*(1), 56–65.

Frankfurter, G. M., & McGoun, E. G. (1996). *Toward finance with meaning. The methodology of finance, what it is and what it can be*: Bd. 80. Contemporary studies in economic and financial analysis. Greenwich: JAI Press.

Goldstein, M. A., Kumar, P., & Graves, F. C. (2014). Computerized and high-frequency trading. *Financial Review: Official Publication of the Eastern Finance Association, 49*(2), 177–202.

Groß-Klußmann, A., & Hautsch, N. (2011). When machines read the news. Using automated text analytics to quantify high frequency news-implied market reactions. *Journal of Empirical Finance, 18*(2), 321–340.

Grossman, S. J., & Stiglitz, J. E. (1980). On the impossibility of informationally efficient markets. *American Economic Review, 70*(3), 393–408.

Hoffmann, A. O. I. & Shefrin, H. (2014). Technical analysis and individual investors. *Journal of Economic Behavior & Organization, 107, Part B*, 487–511. http://www.sciencedirect.com/science/article/pii/S0167268114001073. Zugegriffen: 24. Sept. 2014.

Hommes, C. H. (2006). Heterogeneous agent models in economics and finance. In L. Tesfatsion & K. L. Judd (Hrsg.), *Handbook of computational economics. Volume 2. Agent-based computational economics* :Bd. 13. Handbooks in economics (S. 1109–1186). Amsterdam: Elsevier.

Hong, H., & Stein, J. C. (2005). A unified theory of underreaction, momentum trading, and overreaction in asset markets. In R. H. Thaler (Hrsg.), *Advances in behavioral finance* (The Roundtable series in behavioral economics, S. 502–540). New York: Russell Sage Foundation.

Kirchler, E., Maciejovsky, B., & Weber, M. (2005). Framing effects, selective information, and market behavior: An experimental analysis. *The Journal of Behavioral Finance, 6*(2), 90–100.

Kirilenko, A. A., & Lo, A. W. (2013). Moore's law vs. Murphy's law: Algorithmic trading and its discontents. *Social Science Research Network Electronic Journal*, 1–20. http://ssrn.com/abstract=2235963. Zugegriffen: 25. Aug. 2015.

Kumiega, A., Vliet, van, & Edward, B. (2012). Automated finance: The assumptions and behavioral aspects of algorithmic trading. *Journal of Behavioral Finance, 13*(1), 51–55.

Lam, M. (2004). Neural network techniques for financial performance prediction: Integrating fundamental and technical analysis. *Decision Support Systems, 37*(4), 567–581.

LeBaron, B. (2006). Agent-based computational finance. In L. Tesfatsion & K. L. Judd (Hrsg.), *Handbook of computational economics. Volume 2. Agent-based computational economics*: Bd. 13. Handbooks in economics (S. 1187–1233). Amsterdam: Elsevier.

Lo, A. W. (2004). The adaptive markets hypothesis. *Journal of Portfolio Management, 30*(5), 15–29.

Mandara, J. (2003). The typological approach in child and family psychology: A review of theory, methods, and research. *Clinical Child and Family Psychology Review, 6*(2), 129–146.

Nagel, R. (1995). Unraveling in guessing games. *An experimental study. American Economic Review, 85*(5), 1313–1326.

Orléan, A. (2005). The self-referential hypothesis in finance. http://www.parisschoolofeconomics.com/orlean-andre/depot/publi/CHA2005tSELF.pdf. Zugegriffen: 25. Aug. 2015.

Salmon, F. (2012). The formula that killed Wall Street. *Significance, 9*(1), 16–20.

Scholtus, M., van Dijk, D., & Frijns, B. (2014). Speed, algorithmic trading, and market quality around macroeconomic news announcements. *Journal of Banking & Finance, 38*, 89–105.

Shiller, R. J. (1981). The use of volatility measures in assessing market efficiency. *Journal of Finance, 36*(2), 291–304.

Shiller, R. J. (2003). From efficient markets theory to behavioral finance. *Journal of Economic Perspectives, 17*(1), 83–104.

Spyrou, S. (2013). Herding in financial markets: a review of the literature. *Review of Behavioural Finance, 5*(2), 175–194.

Taleb, N. N. (2008). *Der Schwarze Schwan. Die Macht höchst unwahrscheinlicher Ereignisse.* München: Hanser.

U.S. Securities and Exchange Commission. (2010). Concept release on equity market structure; proposed rule, 3594–3614. http://www.sec.gov/rules/concept/2010/34-61358fr.pdf. Zugegriffen: 27. Okt. 2014.

Vitouch, O., Strauß, S., & Ladinig, O. (2007). Kognitive Täuschungen durch Prozentangaben: Der Fall der staatlich geförderten Pensionsvorsorge (Coper-Premium). Inducing cognitive fallacies by percentage formats: The case of the federally sponsored ‚premium pension'. Erweiterter Abschlussbericht zum OeNB-Jubiläumsfonds-Projekt Nr. 11109.

Conclusio

8

The truth of an opinion is part of its utility
(Mill 1859/1989, S. 25).

Zusammenfassung

Zu Beginn werden die Hauptkritikpunkte an den Finanzmarktmodellen aus Ökonomie und Behavioral Finance zusammengefasst. Die wesentlichen Erkenntnisse, die sich aus den Kritikpunkten ableiten lassen, werden in Form von Grundsätzen für die Bildung von neuen Finanzmarktmodellen formuliert. Anschließend werden die wichtigsten Aspekte der neuen Investorentypologie als logisches Resultat dieser Grundsätze überblicksmäßig dargestellt. Zuletzt wird das Potenzial der Investorentypologie als theoretischer Ansatz zur Erklärung von Finanzmarktentwicklungen anhand einer kurzen Zusammenstellung aller zuvor entwickelten Hypothesen demonstriert.

Das ökonomische Finanzmarktmodell, die Effizienzmarkthypothese, wird von Kritikern aus der Behavioral-Finance-Forschung wegen ihrer unrealistischen Annahmen kritisiert. Die Effizienzmarkttheoretiker begegnen diesen Argumenten mit dem Hinweis auf die Nützlichkeit des ökonomischen Modells sowie dem Fehlen von alternativen Marktmodellen aus der Behavioral Finance.

Dieser scheinbare Widerspruch zwischen dem Anspruch auf „Wahrheit" und dem Anspruch auf „Nützlichkeit" von Finanzmarktmodellen kann durch eine tiefer gehende erkenntnistheoretische Betrachtung aufgelöst werden: Die Effizienzmarkthypothese besagt im Kern, dass die Preise von Wertpapieren alle verfügbaren Informationen widerspiegeln. Die Transformationsleistung von Informationen in Wertpapierpreise sollte

G. Janous, *Zum Verhältnis von Markt und Individuum auf Finanzmärkten,* Forschung und Praxis an der FHWien der WKW, DOI 10.1007/978-3-658-13724-3_8

durch die „rationalen Investoren" vorgenommen werden, indem diese anhand der Informationen die zukünftigen Zahlungsströme der Wertpapiere bestimmen[1]. Eine eindeutige Übersetzung von Informationen über Wertpapiere in die zukünftigen Zahlungsströme dieser Wertpapiere oder die „wahren" Wahrscheinlichkeitsverteilungen der zukünftigen Zahlungsströme dieser Wertpapiere ist aufgrund des Induktionsproblems allerdings unmöglich[2]. Damit ist die Annahme der „rationalen Investoren", welche einen direkten Schluss von den Informationen auf die Marktpreise erlaubt, weder im Sinne eines Popperschen (1995) Falsifikationskriteriums noch im Sinne von Friedmans (1953) Dictum der „Abstraktion der Realität"[3] haltbar[4].

Selbst wenn instrumentalistische Ökonomen die logisch unmögliche Annahme von „rationalen Investoren" bei der Modellbildung akzeptieren, erfüllt die Effizienzmarkthypothese nicht die Kriterien für ein instrumentalistisches Modell. Denn die Prognose der Effizienzmarkthypothese, die Unprognostizierbarkeit von Marktpreisentwicklungen, hat keinen funktionalen Nutzen und entspricht somit nicht dem Zweck instrumentalistischer Modellbildung[5].

Die Anerkennung des Induktionsproblems, das heißt, dass die einzelnen Marktteilnehmer der „Unsicherheit der Zukunft" ausgesetzt sind, impliziert unterschiedliche Prognosestrategien und Handlungsmöglichkeiten der Marktteilnehmer. Die Forschung steht daher vor dem Problem, wie die unterschiedlichen Strategien der Marktteilnehmer in einem Marktmodell abgebildet werden können und wie sich der Marktpreis als Aggregat dieser Strategien erklären lässt. Die Behavioral-Finance-Forschung liefert jedoch keine adäquaten Herangehensweisen an das Aggregationsproblem. Sie übernimmt Konzepte wie das repräsentative Individuum oder den fundamentalen Informationsbegriff aus der

---

[1]Siehe Abschn. 3.1.

[2]Siehe Abschn. 3.2.2 und 3.2.3.

[3]Siehe Abschn. 4.2.

[4]Diese Erörterungen gehen davon aus, dass die rationalen Investoren der Effizienzmarkthypothese mit „objektiven Wahrscheinlichkeiten" operieren müssen. Fama (1970, S.387) formuliert diesen Gedanken im Rahmen der Effizienzmarkthypothese so, dass die Marktteilnehmer in Bezug auf die Implikationen übereinstimmen müssen, welche die Informationen für die Wertpapierpreise und die Verteilungen der zukünftigen Preise haben (siehe Abschn. 2.1). Es stellt sich jedoch die Frage ob Ökonomen annehmen könnten, dass die Effizienzmarkthypothese auch auf den subjektiven Wahrscheinlichkeitseinschätzungen der Investoren basieren könnte. In Hinblick auf derartige Möglichkeiten zur Uminterpretation warnen beispielsweise Gigerenzer und Marewski (2015, S. 429) vor den Gefahren, die dadurch entstehen, dass Wissenschaftler Bayesianische Modelle durch die Verwendung „subjektiver Wahrscheinlichkeiten" retten wollen. In Bezug auf die Effizienzmarkthypothese sollte diese Gefahr auf Grund des Aggregationsproblems allerdings nicht bestehen: Denn wenn die „rationalen" Investoren den zukünftigen Erträgen auf Basis der Informationen subjektive Wahrscheinlichkeiten zuordnen würden, gäbe es Unterschiede in den Bewertungen der Wertpapiere durch die verschiedenen „rationalen" Investoren. Der direkte Schluss von den Informationen auf die Wertpapierpreise wäre daher nicht mehr möglich, da ebenfalls die unterschiedlichen subjektiven Bewertungsmodelle der Investoren berücksichtigt werden müssten. Die Effizienzmarkthypothese ist somit auf Basis von „subjektiven Wahrscheinlichkeiten" der Investoren nicht haltbar.

[5]Siehe Abschn. 4.2.

Ökonomie und formuliert Marktmodelle unter Bezugnahme auf „rationale" Standards. Somit kann auch in vielen behavioralen Marktmodellen weder die Diversität der Investorenpopulation noch die Heterogenität der von den Marktteilnehmern verwendeten Informationen erfasst werden[6].

Finanzmarktmodelle, welche das Induktionsproblem, das heißt das Prognoseproblem der einzelnen Marktteilnehmer, sowie die Diversität der Marktteilnehmer berücksichtigen, müssen daher auf anderen theoretischen Annahmen aufbauen:

- Der Informationsbegriff sollte über den fundamentalen Informationsbegriff der Ökonomie hinaus erweitert werden. Dadurch können auch Verhaltensweisen und Strategien, die auf nicht-fundamentalen Informationen beruhen, wie beispielsweise technische Handelsstrategien, Feedbackprozesse oder Prozesse emotionaler Ansteckung in die Finanzmarktmodelle integriert werden[7].

- Die unterschiedlichen Heuristiken, Bewertungsregeln oder theoretischen Modelle, mit denen die Marktteilnehmer die Informationen in Wertpapierbewertungen und Verhaltensweisen transformieren, sollten ebenfalls analysiert und systematisiert werden. Dabei können bereits einfache Kategorisierungen nach der Komplexität der verwendeten Extrapolationsregeln oder der Diversität der Bewertungsregeln zu interessanten Schlussfolgerungen führen[8].

- Die Kennzeichnung der Effizienzmarkthypothese als Stimulus-Response-Modell (aufgrund des direkten Konnexes zwischen Informationen und Wertpapierpreisen) legt eine alternative Erklärung für die Unprognostizierbarkeit von Marktpreisentwicklungen (auf Basis fundamentaler Informationen) nahe. In Übereinstimmung mit Heinz von Foersters (2000) Konzept der „nichttrivialen Maschine" kann angenommen werden, dass die Adaption von Bewertungsregeln durch die Marktteilnehmer (zum Beispiel aufgrund von Lerneffekten oder Stimmungsschwankungen) zu Unprognostizierbarkeit führt. Das Beibehalten von Bewertungsregeln führt hingegen zu prognostizierbaren Mustern. Die Anpassung von Bewertungsregeln durch die Marktteilnehmer sollte daher ebenfalls in Finanzmarktmodellen Berücksichtigung finden[9].

- Die Verwendung unterschiedlicher Informationen und Bewertungsregeln sowie die Möglichkeit des Wechsels von Bewertungsregeln bedingen eine Komplexität von Finanzmarktmodellen, die mittels formaler Methoden nicht zu bewältigen ist. Es bieten sich daher Methoden wie Finanzmarktexperimente oder computerbasierte Finanzmarktsimulationen (agentenbasierte Modelle) zur Untersuchung von Marktpreisentwicklungen in Abhängigkeit von den individuellen Strategien der Marktteilnehmer an.[10]

---

[6]Siehe Abschn. 5.1.2.

[7]Siehe Abschn. 7.1.1.

[8]Siehe Abschn. 7.1.2.

[9]Siehe Abschn. 4.3.

[10]Siehe Abschn. 5.3 und Kap. 6.

• Die experimentelle Vorgehensweise bei der Untersuchung von Marktpreisentwicklungen beinhaltet die Gefahr, dass eine hohe Beliebigkeit der Forschungsergebnisse durch die freie Wahl von Variablen (verwendete Informationen, verwendete Bewertungsregeln) entsteht. Es wird daher vorgeschlagen, dass Experimente auf Basis einer zuvor entwickelten Theorie über die grundsätzlichen Typen individuellen Investorenverhaltens durchgeführt werden und dazu dienen, aus der Typologie abgeleitete Hypothesen zu überprüfen, weiter zu entwickeln und zu spezifizieren[11].

Die im Rahmen dieses Buches entwickelte Investorentypologie verfolgt das Ziel, Marktpreisentwicklungen auf Basis individuellen Investorenverhaltens zu erklären. Die vorgenommenen Kategorisierungsvorschläge für die drei als wesentlich identifizierten Investorendimensionen werden daher anhand von Erkenntnissen über individuelles Investorenverhalten aus Effizienzmarkthypothese, Behavioral Finance und Agentenbasierten Modellen vorgenommen, die einen hohen Erklärungswert für Marktpreisentwicklungen versprechen.
    Die erste Dimension des Investorenverhaltens, die Art der verwendeten Informationen, kann danach systematisiert werden, ob die Investoren „selbstreferentielle" Informationen über den Finanzmarkt (zum Beispiel Marktpreise) und andere Marktteilnehmer (zum Beispiel emotionale Reize) verwenden oder ob sie auf „marktunabhängige" Informationen außerhalb des Finanzmarktes (zum Beispiel realwirtschaftliche Daten) zurückgreifen. Mithilfe dieser Differenzierung des Informationsbegriffes können so unterschiedliche Perspektiven auf Finanzmärkte wie Keynes Schönheitswettbewerb[12] und fundamentale Analysemodelle in einem theoretischen Ansatz erfasst werden[13].
    Die zweite Dimension des Investorenverhaltens, der Modus der Erwartungsbildung, erfasst die Art und Weise, wie Informationen durch die Investoren verarbeitet werden. Die einfachste Möglichkeit, mithilfe vorliegender Informationen auf zukünftige Entwicklungen zu schließen, stellen einfache Extrapolationen dar. Dies wird als informationsgesteuerte Erwartungsbildung bezeichnet. Das andere Extrem sind hochkomplexe Prognosemodelle, häufig algorithmische Handelsstrategien, die automatisiert in Form des Hochfrequenzhandels ablaufen. Für den Einsatz derartiger Prognosemodelle durch Investoren wird der Begriff der theoriebasierten Erwartungsbildung verwendet[14].

---

[11]Siehe Kap. 6.

[12]Keynes (1936/1994, S. 131–132) verwendet sein vielzitiertes Beispiel von speziellen Zeitungswettbewerben als Metapher für selbstreferenzielle Prozesse, wie sie auch auf Finanzmärkten stattfinden: Es gewinnt jener Teilnehmer, der am besten einschätzen kann, welche sechs von hundert Lichtbildern (Gesichter) am ehesten dem Durchschnittsgeschmack aller Teilnehmer entsprechen. Es geht also nicht darum, die Schönheit der Gesichter einzuschätzen, sondern welche Gesichter im Durchschnitt für die schönsten gehalten werden oder – bei weiterer Iteration - welche Antizipationen der Durchschnittsmeinung im Durchschnitt gebildet werden. Diese Iteration ließe sich beliebig fortführen.

[13]Siehe Abschn. 7.1.1.

[14]Siehe Abschn. 7.1.2.

Die dritte Dimension des Investorenverhaltens, die Flexibilität der Bewertungsregeln, beinhaltet die zeitliche Komponente bei der Ausbildung und Veränderung von Erwartungen durch die Investoren. Hoch flexible Investoren verwenden für jede Kauf- oder Verkaufsentscheidung eine eigene, situationsspezifische Bewertungsregel oder adaptieren ihre Bewertungsregeln nach jeder Entscheidung. Stark rigide Investoren behalten ihre Bewertungsregeln über die Zeit unverändert bei[15].

Die drei Dimensionen des Investorenverhaltens sind als Kontinuum konzipiert, das heißt, dass reale Investoren, die anhand dieser Dimensionen klassifiziert werden, nicht nur an den Extrempolen, sondern auch zwischen den Extrempolen angesiedelt werden können. Messtechnisch betrachtet stellen die drei Dimensionen des Investorenverhaltens Skalen partieller Ordnung dar, sodass sich für empirische Analysen die Zusammenfassung der Investoren zu Gruppen ähnlicher Merkmalsausprägung anbietet.

Mithilfe dieser einfachen Investorentypologie lassen sich bereits viele inhaltliche Hypothesen über Zusammenhänge zwischen individuellem Investorenverhalten und Entwicklungen auf Finanzmärkten formulieren:

- Selbst wenn die Marktteilnehmer ausschließlich marktunabhängige Informationen wie realwirtschaftliche Daten zur Wertpapierbewertung verwenden, impliziert die Anerkennung der Diversität von Bewertungsregeln, dass die Marktpreisvolatilität höher sein kann, als dies aufgrund der Informationslage alleine zu erwarten wäre (die unterschiedlichen Prognosemodelle kommen als zweite „Quelle" für Volatilität zu den Informationen hinzu). Die höhere Volatilität ist daher eher als Zeichen der Unmöglichkeit rationaler Bewertung unter Unsicherheit zu sehen denn als Zeichen von „Ineffizienz" (die Effizienz-Ineffizienz-Dichotomie ist als Begriffspaar zur Charakterisierung von Marktentwicklungen ungeeignet)[16].
- Eine Ursache für Marktkrisen extremer Volatilität (Blasen, Crashs) liegt in der Verwendung selbstreferenzieller Informationen durch die Marktteilnehmer. Dies kann unterschiedliche Ausprägungen wie emotionale Ansteckung, Herdenverhalten oder automatisierte technische Handelsstrategien annehmen, führt aber zu ähnlichen Effekten, wenn viele Marktteilnehmer diese Strategien benutzen. Eine Automatisierung der selbstreferenziellen Strategien kann zusätzlich die Geschwindigkeit der Abläufe („Blitzcrahs") erhöhen[17].
- Eine weitere Ursache für Marktkrisen kann mangelnde Diversität der Marktteilnehmer im Sinne von Konformismus bei der Nutzung eines Modells zur Bewertung marktunabhängiger Informationen sein. In diesem Fall wiegen sich die Marktteilnehmer in trügerischer Sicherheit, da die übereinstimmende Nutzung des vorherrschenden Bewertungsmodells zu einer niedrigen Marktpreisvolatilität führt. Ein einzelnes

---

[15]Siehe Abschn. 7.1.3.

[16]Siehe Abschn. 7.1.2.

[17]Siehe Abschn. 7.1.1 und 7.1.2.

Modell kann jedoch in der Regel nicht alle Informationen berücksichtigen und nicht alle Risiken abdecken, sodass es zu einer systemischen Krise kommen kann, wenn eines der im Modell nicht berücksichtigten Risiken schlagend wird[18].

- Das Grossman-Stiglitz-Paradoxon (1980)[19] kann als Instabilität der Verteilung von flexiblen und rigiden Bewertungsstrategien am Markt uminterpretiert werden. Wird der Markt von Marktteilnehmern mit rigiden Bewertungsstrategien dominiert, entstehen vorhersagbare Muster, die Investoren zum Wechsel ihrer Bewertungsstrategien veranlassen. Beim Vorherrschen von flexiblen Bewertungsstrategien ist die Marktpreisentwicklung hingegen unprognostizierbar, wodurch ein Anreiz entsteht, auf passive Anlagestrategien umzusteigen[20].

- Das Bestreben der Investoren, vorhersagbare Muster auszunützen, führt zu einem Geschwindigkeitswettbewerb, da die Marktteilnehmer, die am schnellsten auf Informationen mit Prognosewert reagieren, von den langsamen Marktteilnehmern profitieren[21].

- Marktregulierungsmaßnahmen müssen nicht pauschal für den Gesamtmarkt durchgeführt werden. Durch zielgruppenspezifische Maßnahmen (zum Beispiel selektive Steuern oder Gebühren auf problematische Handelsstrategien) können situationsspezifisch schädliche Strategien vom Markt ferngehalten werden. Dies reduziert den Schaden von Interventionsmaßnahmen für andere Marktteilnehmer[22].

Diese ersten Beispiele für die mannigfaltigen inhaltlichen Hypothesen und Untersuchungsmöglichkeiten im Rahmen der neuen Investorentypologie zeigen, dass sich eine differenziertere Betrachtung des Verhältnisses von Marktteilnehmern und Markt, als es die Rationalitäts-Irrationalitäts-Dichotomie auf der Individualebene und die Effizienz-Ineffizienz-Dichotomie auf der Marktebene erlauben, lohnen könnte. Denn die widersprüchlichen bis paradoxen erkenntnistheoretischen Positionen in den herkömmlichen Finanzmarktansätzen gingen mit Modellbildungen einher, die logisch unmögliche Annahmen mit nicht-funktionalen Vorhersagen vereinigten. Eine realitätsnähere Gestaltung der Modellannahmen im Sinne von adäquaten Abstraktionen beobachtbarer Verhaltensweisen und Strategien individueller Marktteilnehmer kann zwar trotzdem zu Marktmodellen führen, die aufgrund der Interaktivität und Dynamik des Systems keine ökonomisch verwertbaren Preisprognosen für den einzelnen Marktteilnehmer generieren. Jedoch könnten die Marktentwicklungen zumindest so weit verstanden und wissenschaftlich systematisiert werden, dass fundierte situationsspezifische (politische) Handlungsmöglichkeiten auf Marktebene eröffnet werden.

---

[18]Siehe Abschn. 7.1.2.

[19]Siehe Abschn. 3.2.1.

[20]Siehe Abschn. 7.1.3.

[21]Siehe Abschn. 7.1.3.

[22]Siehe Abschn. 7.3.

Literatur

Fama, E. F. (1970). Efficient capital markets: A review of theory and empirical work. *Journal of Finance, 25*(2), 383–417.

Foerster, H. v. (2000). Entdecken oder Erfinden. Wie läßt sich Verstehen verstehen? In H. v. Foerster, P. M. Hejl, S. J. Schmidt, & P. Watzlawick (Hrsg.), *Einführung in den Konstruktivismus* (5. Aufl., S. 41–88). München: Piper.

Foerster, H. v., Glaserfeld, E. v., Hejl, P. M., Schmidt, S. J., & Watzlawick, P. (Hrsg.). (2000). *Einführung in den Konstruktivismus* (5. Aufl.). München: Piper.

Friedman, M. (1953). The methodology of positive economics. In M. Friedman (Hrsg.), *Essays in positive economics* (S. 3–43). Chicago: The University of Chicago Press.

Gigerenzer, G., & Marewski, J. N. (2015). Surrogate science: The idol of a universal method for scientific inference. *Journal of Management, 41*(2), 421–440.

Grossman, S. J., & Stiglitz, J. E. (1980). On the impossibility of informationally efficient markets. *American Economic Review, 70*(3), 393–408.

Keynes, J. M. (1994). *Allgemeine Theorie der Beschäftigung, des Zinses und des Geldes* (7. Aufl.). Berlin: Duncker & Humblot.

Mill, J. S. (1989). On liberty. In S. Collini (Hrsg.), *J.S. Mill. On liberty and other writings.* (Cambridge texts in the history of political thought, S. 1–116). Cambridge: Cambridge University Press.

Popper, K. (1995). Das Problem der Induktion. In D. Miller (Hrsg.), *Karl Popper Lesebuch. Ausgewählte Texte zu Erkenntnistheorie, Philosophie der Naturwissenschaften, Metaphysik, Sozialphilosophie* (UTB für Wissenschaft: Uni-Taschenbücher, Bd. 2000, S. 85–102). Tübingen: Mohr.

The manufacturer's authorised representative in the EU is Springer
Nature Customer Service Centre GmbH, Europaplatz 3, 69115 Heidelberg,
Germany. If you have any concerns regarding our products, please
contact ProductSafety@springernature.com

Printed and bound by CPI Group (UK) Ltd, Croydon, CR0 4YY
27/04/2026
02097655-0018